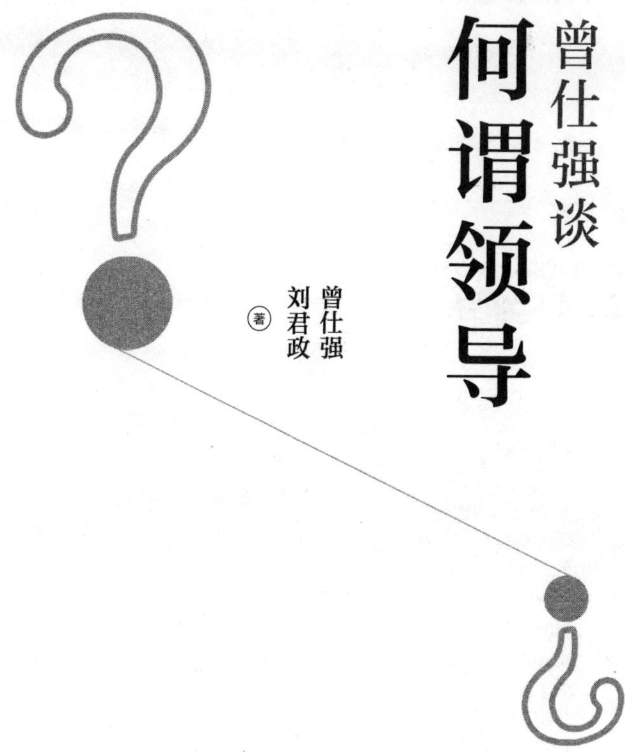

曾仕强谈何谓领导

曾仕强 刘君政 著

四川人民出版社

图书在版编目（CIP）数据

曾仕强谈何谓领导 / 曾仕强，刘君政著．—成都：四川人民出版社，2017.11（2021.11重印）
ISBN 978-7-220-10381-0

Ⅰ．①曾… Ⅱ．①曾… ②刘… Ⅲ．①领导学 Ⅳ．① C933

中国版本图书馆 CIP 数据核字 (2017) 第 228232 号

ZENGSHIQIANG TAN HEWEI LINGDAO

曾仕强谈何谓领导

曾仕强　刘君政　著

责任编辑	罗晓春
特约编辑	高志红
封面设计	新艺书文化
版式设计	曾　放
责任印制	张　辉
出版发行	四川人民出版社（成都槐树街 2 号）
网　　址	http://www.scpph.com
E-mail	scrmcbs@sina.com
新浪微博	@ 四川人民出版社
微信公众号	四川人民出版社
发行部业务电话	（028）86259624　86259453
防盗版举报电话	（028）86259624
照　　排	王杨帆
印　　刷	北京雁林吉兆印刷有限公司
成品尺寸	180mm × 250mm
印　　张	11.75
字　　数	160 千字
版　　次	2018 年 1 月第 1 版
印　　次	2021 年 11 月第 3 次印刷
书　　号	ISBN 978-7-220-10381-0
定　　价	49.00 元

序

西方人的管理，科技面重于人性面，比较偏重制度化、科学化。中国人的管理，可以说人性面重于科技面，更加重视人性化、艺术化。特别是领导，似乎非以人为重不可。

圆通的领导，是真正的中国领导艺术，也是有效的中国领导功夫。不论身份、职位如何，若是不够圆通，领导就会吃力不讨好。职位愈高，实际上愈需要讲求圆通，才不致苦口婆心却乏人理会，显得软弱无能。

领导必须实际有效，快速动员。所以，圆通的境界，值得追求。也唯有圆通，才能够顺利化解领导的难题。

领导的难题，在两难：管也不是，不管也不是。

一味要管，必然专横霸道，大家敢怒不敢言，不可能持久；完全不管，那就一盘散沙，很快就崩溃。

管到好像没有管一样，称为“不管之管”，才是上乘功夫。老子和孔子两位大圣人，都以“无为”来勉励我们。可惜很多人看不懂，却自作聪明，不断加以抨击，认为根本不可能无为而无不为，以致偏过来强调有为，弄得精疲力竭，危害到宝贵的健康，并且忙得头昏脑涨，导致失误连连却自以为救火有功。

“不管之管”，用通俗的话来说，便是圆通的领导。

我们先要明辨圆通和圆滑的区别。因为我们欢迎圆通，却非常厌恶圆滑。一旦令人产生圆滑的感觉，那就前功尽弃，从此丧失领导的功能。

圆通和圆滑，看起来只有一字之差，运用起来效果却有天壤之别。领导者千万不要把它当作文字游戏，或者嘴巴随便说说，应该用心把它分辨清楚。

中国人之所以很不容易被领导，主要是中国人很难认输。只要一口气尚存，谁也不服谁。高明的领导者最好让大家有面子地认为“我让给你”，而不是使大家没有面子地承认“我输给你”。只要领导者有赢的心态，大家就抱定“看你神气到何时”的心情，等待着领导者输的那一天。

当我们接受强人领导时，大家衷心盼望，这位强者不要太强；当我们失去强人的时候，却又强烈期盼早日产生新的强人。这种矛盾心态，可以看出我们不欢迎不懂得推、拖、拉，弄得大家都没有面子的英雄型的强人，却十分欢迎懂得推、拖、拉，使大家都有面子的集团型强人；不要大小事一把抓的英雄，却拥戴能够知人善任的安人领袖，让大家都有机会发挥潜力，全力以赴。

每当我们遭遇重大困难时，首先想到的，便是巩固领导中心。因为集团性的强人，所依赖的集团，也就是我们十分熟悉的班底，必须紧密地团结起来，把领导者拱卫得牢固稳健，才能够号召群众，大家同舟共济。

巩固领导中心，并不是紧急时呼喊就能奏效的。必须平日多多用心、关心、使大家产生同心、增强信心、坚定决心、自愿交心，才能够彼此呼应，汇集成一股强大的力量，使领导中心真正巩固起来。

平日知心、交心、连心、绑心，必须对心多加研究，多加练习。心不是心脏，而是看不见的能量和频率。如何寻找频率相近的志同道合人士，是知心的表现。以诚恳的态度、真诚的心态来感应这些志同道合的同志，即为交心。若是这些志同道合的同志也愿意交心，彼此就能够连心，产生心灵的默契。经过一段时间的考验，证明得以持久联结，当然就是绑心。

这些无形的互动，需要一些配套。在做人方面，以圆满的沟通、合理的激励和有效的服务为主；在做事方面，则以未雨绸缪的计划、权宜应变的执行以及综合考量的评审为主。各种配套必须兼顾并重，才能确保圆通的领导。

欢迎各界先进朋友，不吝赐教，幸甚！

曾仕强　刘君政

谨识于兴国管理学院

前言

中国人喜欢圆通的领导，因为我们善于推、拖、拉。中国人喜欢推、拖、拉，这是大家熟悉的现象。中国人为什么推、拖、拉？这是大家很容易误解的道理。

请问，中国人真的喜欢推、拖、拉吗？认真思索起来，我们似乎很不喜欢推、拖、拉，看到大家一味推来推去，总有一种说不出来的厌恶。

然而，中国人真的不喜欢推、拖、拉吗？仔细想一想，我们真的有一些喜欢推、拖、拉的人，因为一旦有人不推、不拖、不拉，似乎又有一种说不出来的惆怅。

老实讲，中国人不推、不拖、不拉，是不行的，会招致人家的反感。中国人过分推、拖、拉，也是不行的，会惹来一大堆的批评。

人家请我喝茶，我丝毫不推，爽快接受。万一对方只有一杯茶，正好他自己口渴得很，稍微尊重我一下，我便不客气地伸手接过来，这样合适吗？是否显得自己不懂礼貌。下一回，他因为只有一杯茶，端起来就喝，请都不请我一下，我又会有什么感想呢？会不会产生“怕什么？礼貌上招呼我一下都不敢？放心，我不会那么不讲理，一请就要”的不愉快感觉呢？

人家请我喝茶，我推来推去，始终不肯接受。如果对方茶水准备得相当充分，心里便觉得奇怪：“茶都不敢喝，是不是害怕有毒？”特别是饮料下毒案件连续发生以来，更容易引起类似的猜测。既然茶都不敢喝，我们还称得上朋友吗？下一回，他根本不准备茶水。我坐了半天，茶都不端一杯，心里也不免纳闷：“难道这是他的待客之道？还是故意对我表示冷漠？”特别是前几次来，起码有白开水喝，这次问都不问一下，一杯水都没有，更容易令人起疑。既然如此，我可以继续把他当作朋友吗？

看起来中国人十分多疑，很难服侍。实际上中国人脑筋灵活，反应快速，自然有这些捉摸不定的念头。

于是，虽然我总共只有一杯茶，自己又口渴得很，我还是不必目中无人，拿起来就喝。稍微表示尊重他一下，端起茶来朝他伸出去：“请。”相信他是个明理的中国人，必定会推说：“不要客气。”这样彼此都有面子，气氛自然和谐。

推的时候，要赶快利用时间，好好斟酌一下：“我到底该不该要？”不应该要的时候，当然不可以接受；应该要的时候，就要适当地接受，不要再推。有人只看到中国人嘴巴“推”说“不要”，实际上，却表现出伸手“要”了，便认为中国人“圆滑”。由于中国人常常推、拖、拉，就认定中国人只要圆滑一些，事情便好办得多。

其实，中国人最讨厌圆滑。任何人只要给人家一种圆滑的感觉，这个人的前途必然十分有限，不可能有什么成就。

表面上看起来，圆通和圆滑长得一模一样，两者都是不断地推、拖、拉，但是结果完全不同。我们可以这样说：推、拖、拉到没有解决问题，叫作圆滑；推、拖、拉到最后把问题圆满化解掉，便称为圆通。

任何人想以推、拖、拉来推卸责任，已经是圆滑。若是利用推、拖、拉这短暂的时间来充分思考，寻找合理有效的化解方案，那就是受人欢迎的圆通。

为什么需要推、拖、拉呢？主要有三大理由：

第一，不推、不拖、不拉，根本就没有思虑的时间，立即反应的结果相当于压宝。万一压错了，如何得了？人不是神仙，不可能一出手就对。最好稍微推、拖、拉一下，争取短暂的思维时间，想好了再动作，比较有把握。若是不推、不拖、不拉，只是静静地沉思，恐怕气氛太严肃，也令人承受不了。

第二，中国人的矛盾性格，使得能力强而又率先施展出来的人，容易招致众人的妒忌，以致成为众矢之的而有志难施。能力强的人，必须懂得“藏器于身，待时而动”的道理。凡事先推、拖、拉一番，表示礼让，然后在众人推举下，当仁不让。推、拖、拉不一定推给别人，也不一定推给自己，推来推去，推给最合适的人。大家都有面子，才不至于引起嫉妒和破坏。

第三，有效的管理，必须讲求省力，稍具物理常识的人都知道推、拖、拉最为省力，同时也最没有压力。大家都轻松地推、拖、拉，把事情做好，岂非十分愉快？圆通的领导，必须具有高超的能力，却又同时具备熟练推、拖、拉的功夫，不会自我表现得让下属没有面子。同样下属表现的时候，也会顾及领导的自尊。有人说面子害死了许多中国人，但是弄得大家都没有面子，又算得上什么高明的领导？

用推、拖、拉来解决问题，称为化解。功力高的领导者，可以做到完全没有后遗症。不像一般人那样，不推、不拖、不拉，问题是解决了，却引发更多的问题。谁来收拾这些后遗症？还不是领导者自作自受。

中国人真正欢迎的，是圆通，绝对不是圆滑。我们只有“圆通寺”，哪里都不曾出现过“圆滑寺”，便是最好的证明。中国人一看到“圆滑寺”，必然退避，不敢进入。只有“圆通寺”，我们才会不惜长途跋涉，前去参拜。

圆通和圆滑的差别，真是微乎其微，所以很容易产生混淆不清的判断。圆滑是推、拖、拉。凡是一味推、拖、拉的人，我们都判定其为圆滑，令人讨厌。圆通也是推、拖、拉，不过只到合理的地步。凡是能够拿捏分寸，既不是不推、不拖、不拉，也不是一直推、拖、拉，却能够推、拖、拉到合理的程度，就是圆通。既受人欢迎，也最有成功的可能。中国式领导，初看起来，根本就是互相推卸责任。领导发现过失，马上推给下属；下属遇到责任，立即推给领导。这种乱七八糟的情况，事实上只是中国式的表面现象。

领导如果仅仅想到推、拖、拉，就会陷入圆滑的困境，因为下属也是中国人，同样深谙推、拖、拉的手法，于是彼此推来推去，成为典型的“和稀泥”，为害之烈，实在莫此为甚。但是，领导不推，一切责任自己负，下属觉得自己不必尽心，甚至认为有力无处使，终至袖手旁观。领导表演个人秀，并不是良好有效的领导。下属不推，有事抢着做，领导不断地“软土深掘”，加重其责任，一旦导致“英年早逝”，也不是好结局。

领导者推、拖、拉到合理的地步，被领导者也推、拖、拉到合理的程度，彼此配合，便成为“圆通的领导”，这才是中国人的艺术，不但高明，而且快捷有效。

中国人主张做人要外圆内方，做事讲求圆满而不失原则，在这种条件下，唯有圆通的领导，才能够方中求圆，既合乎人性的需求，而又产生最佳效果。

当然，一些领导者呈现无力感的主要原因便是盲目依循西方的领导理论，想以西方的领导法则来领导中国人，必然无力而缺乏成效。

西方人佩服有能力的人，比较容易接受领导。一些中国人一方面看不起没有能力的人，一方面则讨厌有能力的人，因此特别难以有效领导。

中国人不喜欢被管，却常常爱管别人。被管，就心存抗拒；管人，则沾沾自喜。如何在矛盾中取得统一？唯有圆通，才能解答这些疑问。

目录 CONTENTS

第四章　如何做好领导

第五章　领导的境界

第六章　三种领导方式的循环

第七章　领导也需要一些配套

第八章　领导的经

第九章　领导的权

第十章　对特殊员工的领导

第十一章　领导的艺术

第十二章　领导人才的培养

结束语

第一章　领导比管理更为重要

很多人认为领导不过是管理的一种项目，
其实并不是这样，领导可以和管理相提并论。

管理比较重视制度面，似乎法治就是良好途径。
领导则更加重视人性面，法之外还要人情义理。

制度化是管理的基础，管理当然非制度化不可。
但是制度化管理容易僵化，并不是良好的管理。

人活着，毕竟以人情最为重要，不可不惜情。
因为人而无情，何以为人？管理得再好也没有用。

人性化管理，必须以领导为主轴，刚柔并济。
通过沟通、协调和控制，激发出高度组织力。

把组织成员总动员起来，共同完成组织目标。
整个历程必须充满人情，才能够真正乐在工作。

管理比较偏重于制度面

管理是修己安人的历程，从修己到安人的相关活动，实际上都是管理的过程，环环相扣，彼此互相影响（如图1-1）。

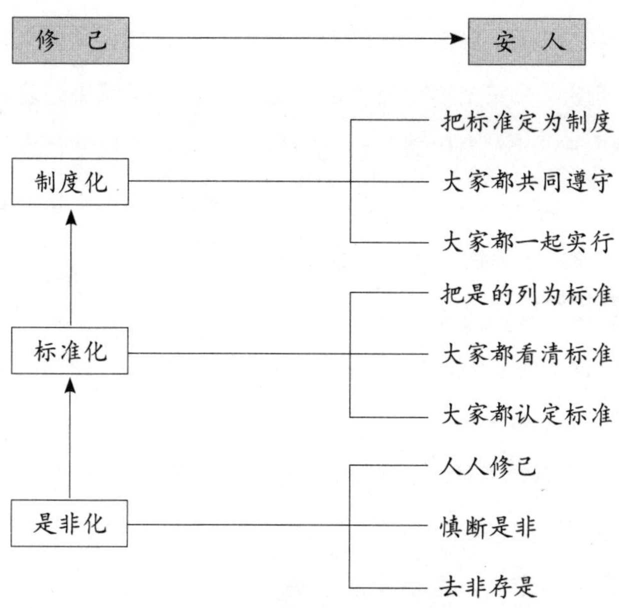

图1-1 管理是修己安人的历程

一般来说，管理的起点是修己。管理者先把自己修治好，做出良好的表率，以身作则，然后再寻求用人的效果。

管理的最高目标在用人，把人安顿好，让大家放心地好好做事。人不能安，事情必然做不好；少数人安，不如大家都安。所以，修己只算是独善其身，使众人安宁才称得上良好的管理。修己安人，成为管理者的共同信念。人人用心修己，大家互求安人，应该成为共识。

安人从慎断是非开始，把是的部分保留下来，去掉非的部分，使其成为标准。然后把标准明确定为制度，希望组织成员共同遵守执行。管理必须制度化，没有制度的管理，算不上良好的管理；但是制度化的管理，也不算是良好的管理。这是领导者必须深思的重要课题，不能不用心加以体会。因为制度化很好，过分制度化反而不好，若非经验丰富、体会深刻，实在很不容易了解。

制度容易僵化，缺乏权宜应变的空间。过分强调制度化，将组织的高、中、基层人员完全绑得死死的，动弹不得，当然不是良好的现象。若是基层死守制度而高层却不必遵守制度，岂非“只许州官放火，不许百姓点灯”？必然不能令人心悦诚服。何况制度经常不切时宜，修订起来又费时费力，往往赶不上实际的需要。

如何使制度化为大家所欢迎，而且能够有效落实，有赖于圆通的领导。用人性面来弥补制度面的不足，应该是领导者必须用心的地方，也是圆通领导的精华所在。

领导是发挥安人潜力的历程，把修己安人的管理效果充分发挥出来，才算是圆通的领导。从这个角度来看，领导比管理更为重要，因为管理的效果能否宏大，完全看领导能不能达到圆通的地步，使大家尽心尽力（如图1-2）。

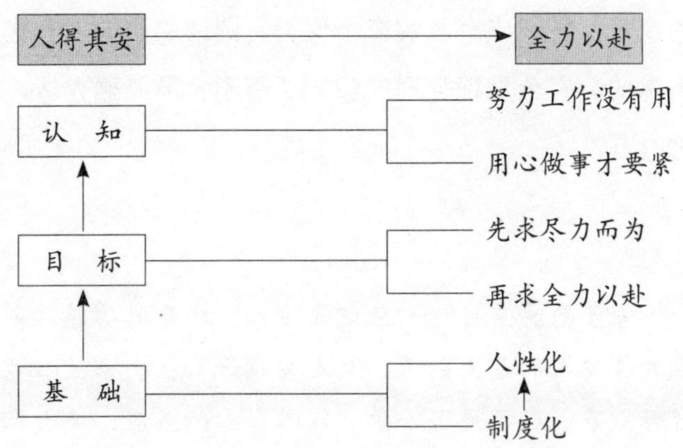

图1-2　领导是发挥安人潜力的历程

一般而言，管理只能够使众人尽力而为，而领导却能够进一步促使大家全力以赴，也就是尽心尽力。

尽力而为和全力以赴的差别在于，前者十分努力，却未必用心；而后者则十分努力外，加以非常用心。

我们认为：努力工作没有用，用心做事才要紧。

努力工作，表示一切遵照规定，很容易不动脑筋，以致产生努力浪费资源、努力制造问题等偏差现象，使大家大伤脑筋，却找不到违反制度的缺失，从而加以有效处理。

用心做事，情况就完全不同。用心的人，自然会凡事动动脑筋，并且配合大家的需求，共同为安人着想，因此设身处地、将心比心，把事情做得十分圆满。

圆满的意思，是大家都慎断是非之外，同时还要顾及彼此的面子。在圆满中分是非，才是人性化的表现。

领导者当然必须重视制度化，然而在制度许可的范围内，还有很多事情可以做。我们常说的衡情论理，其实就是人性化的调味，使制度的僵硬性获得一些滋润。做人最要紧的是人情，无论从事什么行业，总归离不开做人，因此也免不了人情。人而无情，纵使有再大的成就，也不

过是短暂的收获，转眼成空，实在不值得。圆通的领导，其作为必然是合乎人性需求的。完全重视管理的领导，很不容易兼顾人情，很难达到这种圆通的地步。

管理的最高目标，应该是安人。领导的功能，则在发挥安人的最大效果。把人安顿好，让大家放心地好好做事。还要更进一步，以心和心的感应，使大家乐于自动自发，充分发挥潜力。

管理的效果，需要良好的领导来加以扩张，所以领导比管理更为重要。领导者在制度化管理之上，要加以人性化，才能更加贴近人心。

领导重视心与心的互通

领导必须通过别人的工作来达成组织的目标，是一种“个人或少数人对多数人或大多数人产生重大影响的感应”。因为被领导的对象是人而不是物，只能智取而不能力夺，所以心与心的互动，产生有效的感应，才是我们研究的重点。被领导者的心，直接影响到领导的效果。能遇还要能合，才能够紧密地团结在一起。

有机会在一起，却不能彼此交心，紧密地合作，便是遇而不能合，不如不遇。领导者与被领导者的遇合，固然有一拍即合，证明彼此频率相近，确属志同道合的；也有亲身体验之后，才发觉有缘无分，好比一盘散沙，很快就分道扬镳，各走各的路，不能交心的。

一般来说，领导者择人而用与被领导者择主而事的过程，都属于心与心的互动。主要的关键在于：

知心。了解对方是不是自己所要用的人，或者自己所要追随的明主。换句话说，彼此能够聚合在一起，成为共同努力的伙伴，不但要知人，而且要进一步知心。

交心。领导者确信“得人者昌，失人者亡”的道理，重视人才。被领导者明白可事之主难遇，珍惜良机。两者互相尊重，遇而且能合，才能够慎重地交心。

连心。遇合如果出于一时的冲动，势必很快就会分离，两颗心灵不能够连接在一起。若是出自真诚，很快培养出高度的默契，而且愈密切，就愈能连心。

绑心。心与心连起来，经得起各种严格苛刻的考验，持久不变，称为绑心。刘备与关羽、张飞桃园结义之后，心就紧密地绑在一起，至死不渝，可见绑心的可贵。

由知心到绑心，是一种心与心互通的过程（如图1-3）。

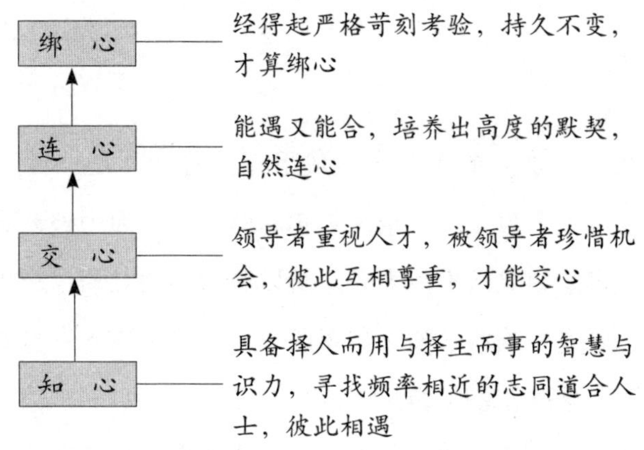

图1-3　领导是心与心互通的历程

领导的特性是“无实体性”的，一切以有形的制度和权力为手段的领导，随着历史的演变，都已经愈来愈丧失实用的效能。心与心的互动感应，基本上是看不见的，无法采用全盘量化的方式来加以衡量（如图1-4）。

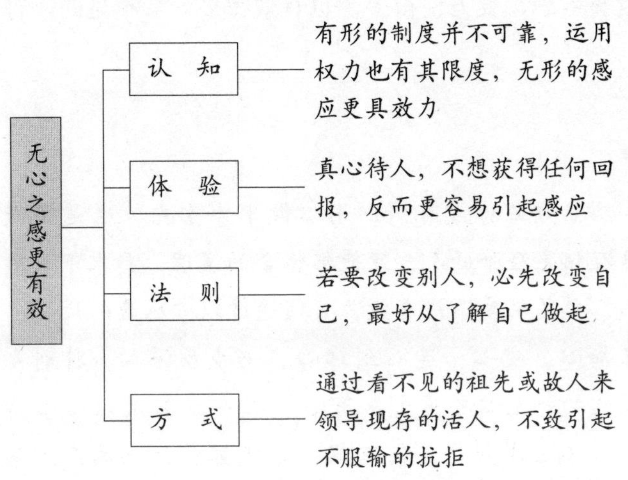

图1-4　无心之感更有效

领导者对被领导者，完全是真心相待，不想获得任何回报，不会发生“我对你这么好，你怎么可以这样对待我”的责难。只有给予，不求回报。这种无心之感，令人倍感亲切，反而能引起更多、更大的回应。

然而，基于利害关系的感，称为有心之感。领导者强调成功的可能性，以眩惑一般急于攀附的小人，结果造成遇不能合的残局，终究不是美满的结局。

作为一位领导者，最要紧的，便是谨记“若要改变他人，必先改变自己”的法则，并且深信不疑，坚定实践。要改变自己，必须了解自己，也就是诚实地观察自我、充实自我。领导者的内在充实，不必多求表现，被领导者就会因为领导者内在的光明人格，产生自然而然的信赖感，自愿交心、连心，甚至坚定不移地绑心。

通过看不见的宗庙、祖先、创办人(已故)来领导，是中国人常用的方式。通过祭拜天地祖宗，来巩固领导中心，实在是无形领导的极致。

通过已故的先人来领导现存的活人，对于不服输的中国人，具有难以想象的功效。招揽人才，同时也要防止人才的叛乱，向先人宣誓，总比向活人宣誓效忠，要方便得多，也有效得多。看不见的，有时候力量更大。

努力工作没有用，用心做事才重要。这是稍微具有领导经验的人，便能够体会的道理。要求下属用心，单凭制度不能奏效，必须通过以心感应的历程，从知心、交心、连心到绑心，一步步深入。特别要注意的是无心之感更加有效。领导者必须以赤心待人，不企求获得任何回报，才更容易让下属产生感应，因而用心做事。基于利害关系的有心之感，反而不美满。

三种不同的领导风格

管理制度化，固然简便，却很难适应组织成员的个别差异。不得不忍痛将所有成员都看成“平均人”，大家都一样，弄得特殊人才难以发挥才干，而稍微落后的人也无法赶上。

领导具有弹性，可以适应不同的人所产生的差异性。我们都知道：什么样的领导者，带领什么样的被领导者；什么样的被领导者，拥戴什么样的领导者。大家都是自作自受，谁也怨不得谁，谁也不必责怪谁。领导者的气度不同，就会带领出不一样的人才（如图1-5）。

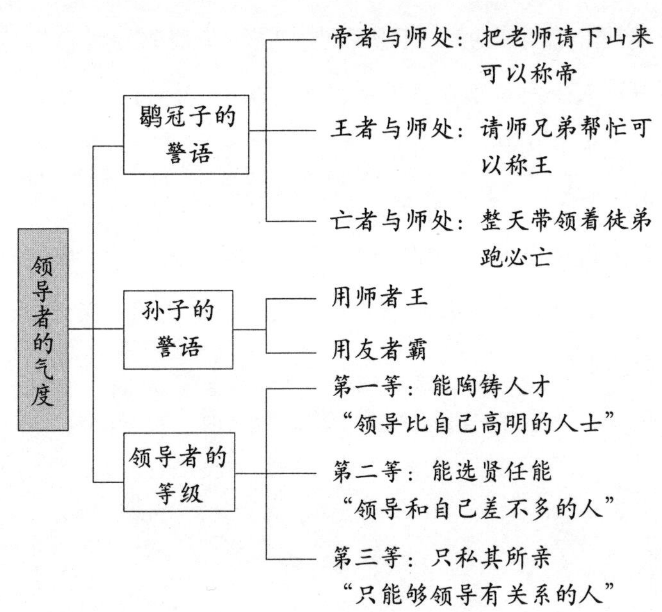

图1-5 不同的领导气度

一流的领导者，带领出比自己高明的人才。历史上脍炙人口的三顾茅庐，使当时天下独步的经天纬地之才卧龙先生诸葛亮，居然为命运多蹇尚未找到安身之地的刘备所感动而出山相助。对刘备来说，等于把老师请来大力帮忙，当然能够成就一番大事业。

二流的领导者，请不动老师辈的人才，只能够带领师兄弟，大家一起打拼。这样的组合，领导者很辛苦，被领导的人，也难以发挥潜力，彼此牵来扯去，顶多达成某种程度的事业，而且不可能维持长久。

三流的领导者，不但请不动老师，也请不动师兄弟，只能够带领自己的学生。这固然可以享受“有事弟子服其劳”的乐趣，却限于弟子的才能经验，很难做出重大的突破，不可能有什么成就，更谈不上持久。

“什么样的老板，必定带领什么样的伙计。”这一句话不太好听，却值得每一位领导者自我反省。为什么总觉得自己在组织中，永远是最高明的？难道组织中真的缺乏人才吗？还是被自己压制得动弹不得？

备受委屈、有才难展、有志不伸，固然是被领导者自作自受的结果，怨不得别人。但是领导者带不出人才来，同样自作自受，必须承受事必躬亲、无人分忧分劳的苦楚。把人才带出来，并且带出自己所期望的人才，实际上应该是领导者必须展现出来的领导才能。

领导者的自作自受，表现在自己不一样的领导风格。换句话说，领导者的处境，完全是领导者自己的领导风格所造成的，必须由领导者自己负起完全的责任。

一般而言，领导者的风格大致可以分为三种（如图1-6）。

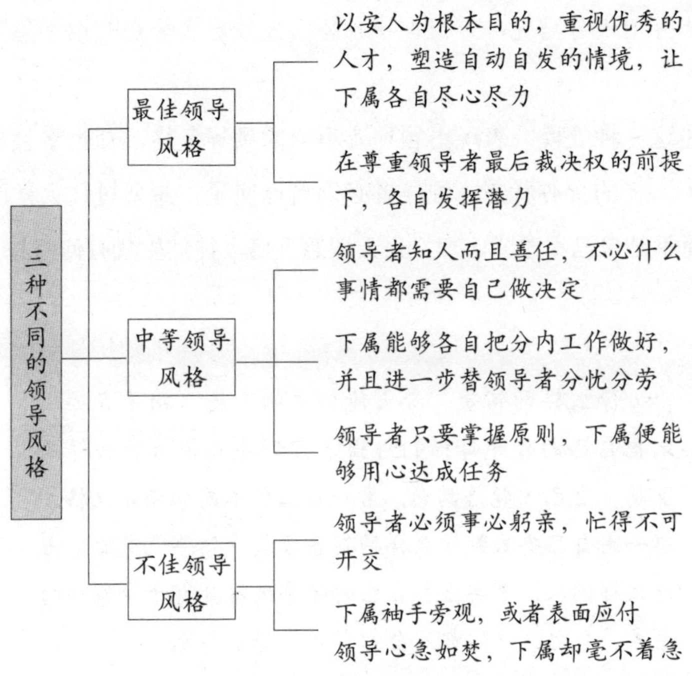

图1-6　三种不同的领导风格

最愉快的处境，应该是被领导者各人负责，凡事做得很好，而且心目中有领导者的存在，能够处处尊重领导者的立场，顾虑领导者的面子。换句话说，不需要领导者操心，大家就能够在充分尊重领导者最后裁决权的前提下，互相合作，达成预期的目标。领导者除了时常表示感谢之外，可以放心地无为而治。在这种处境下，真是夜里睡觉做梦都会笑，当然十分愉快。

中等的处境，应该是领导者只要掌握原则，下属便能够用心去达成目标，并且各自把分内工作做好之余，还能够进一步替领导分忧分劳。换句话说，领导者不必什么事情都需要自己做决定，下属便知道各自分头寻找各种可行的方案，帮助领导者做好决策，然后又尽力去完成。领导者知人又善任，也相当愉快。

下等的处境，则是领导者不论愿意与否，都必须事必躬亲，十分辛苦忙碌；被领导者反而袖手旁观，冷眼看着领导者忙进忙出，或者表面

应付，实际上十分马虎，弄得领导者急而被领导者一点儿也不急，当然不愉快。

上述这三种处境，表现出领导者不同的领导风格，却也将领导者自己带到不一样的身心状态。领导者必须自己衡量，想要过什么样的领导生活，而不是自己不改变，却又天天埋怨下属，徒然生气有何用！

什么样的领导，带出什么样的下属。领导者必须先把自己的领导目标制订出来：到底要带出什么样的下属，自己才觉得满意。看一看三种不同的领导风格，想一想自己要采取什么样的领导方式。领导究竟能带出什么样的人，事实上和自己的领导风格具有十分密切的关系。总之，一切都是自作自受，怨不得别人。

思 考

1. 管理与领导是一回事吗？

2. 为什么说领导是心与心互相感应的历程？

3. 你属于哪种领导风格？你认为怎样才能做到最佳的领导风格？

第二章　领导的两难

有些人不喜欢别人管他，
但是，当他遭遇难题时，就要你管。

有些人看不起没有能力的领导，
偏偏又讨厌有能力的领导。

在这两难的情境中，
最好明白深藏不露的道理。

中国人在紧急时期需要英雄，
然而并不真正崇拜英雄。

中国人的领导艺术，
就是英雄却不表现英雄性。

楚汉相争，刘邦胜而项羽亡，
可以证明单凭英雄不足以服人。

到底是管还是不管

任何领导，如果什么都不管，或者什么都要管，便不算好领导。偏偏这两种情况，都很容易发生。我们时常感叹领导难为，实际上就是要么什么都管，弄得下属都怨；要么什么都不管，弄得下属都拧。最后造成这样一种两难：我管，你不高兴；不管，你也不高兴，那我该怎么办?

什么都管并不理想，因为领导绝大部分的精力会消耗在琐碎的事务上，无法集中精力做重要的工作；下属受到太多束缚，也很难发挥才能。什么都不管更是糟糕，因为领导不管，就已经是失责；下属看到领导这样自然马虎偷懒，使得整个组织暮气沉沉，什么事情都做不好。

作为领导，必须把握的原则是：应该管的，才管；不该管的，不管。最好能够管到好像没有管一样，这叫作“不管之管”。下属能做的，放手让他去发挥；不能做的，便要好好管他，使其照样能够把工作做好。

我们的主张，是按照中国人阴阳文化的思维方式，把“管”和“不管”合起来想，而不要分开来看。也就是说，不要想“管或不管的问题”。因为合起来想，很容易发觉“管或不管不是问题”，而“怎么管得合理才是问题”。只要搞清楚“怎么管才合理”，就用不着伤脑筋“到底是管还是不管”（如图2-1）。

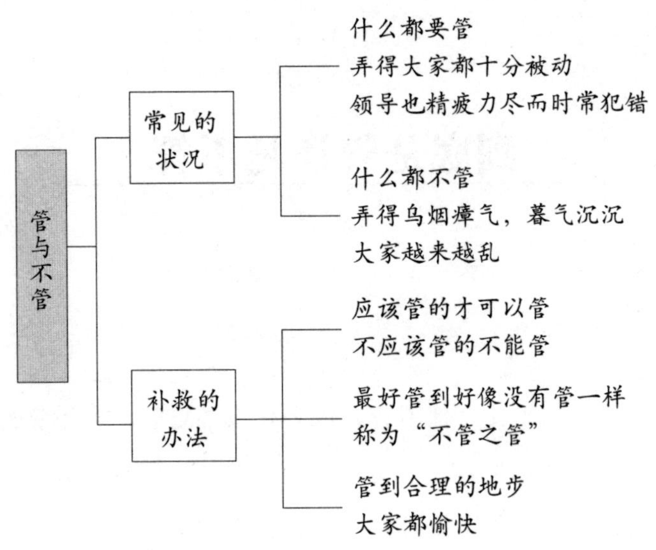

图2-1　领导的两大难题

“管”或“不管”，已经掉入“二分法”的陷阱，必须早日加以摆脱。领导者不可不管，也不可乱管；不能够爱管便管，不爱管就不管。正确的态度应该是：应该管的时候，当然要管；不应该管的时候，就不能够管。这种管到合理的程度，称为合理的管，通常最受大家的欢迎。管得合理的领导，当然是好领导。

领导难当，因为一些中国人具有一种相当特殊的“阴阳心态”：一方面看不起没有能力的领导，一方面又讨厌有能力的领导。这两种心态，同时出现在同一个人的心中，就显得十分复杂而矛盾（如图2-2）。

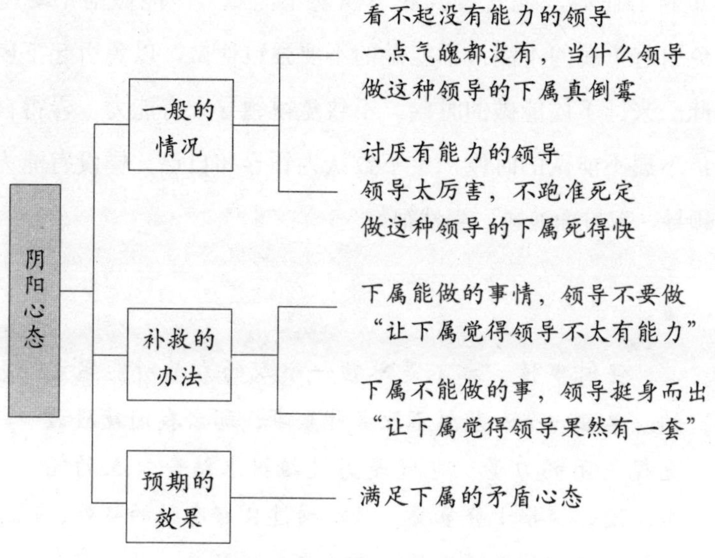

图2-2　中国人的“阴阳心态”

领导没有能力，下属一定看不起他，心想没有能力当什么领导？不如让开，换我来当还好些。领导随便表现能力，也会令下属觉得讨厌，心想既然你那么有能力，而且又喜欢表现，干脆让你去做好了。所以常见一些下属袖手旁观，对于领导的事必躬亲议论纷纷，便是明证。

因应之道，在于以下两点：

首先，凡是下属能做的工作，领导一律不要做。把成就感让给下属，等他做好了再来赞扬他、鼓励他。

其次，遇到下属不能做的事情，领导必须挺身而出，拿出主意来，让下属深深觉得自己的领导的确有“两把刷子”。

领导者同样要把“有能力”和“没有能力”合起来想，不要分开来看。在中国社会，有能力不好，没有能力也不好。前者容易惹人注目，被当作靶子，有时候引起别人的嫉妒，也容易惹祸。后者大家都看不起，不把他放在眼里，当然不好受，更没有办法责怪别人。

我们既然不能改变下属的矛盾心态，便只好反过来调整自己的行为。凡事将心比心，先看看到底下属能不能做——能做的不要抢过来做，以免引起下属的不满；不能做的不要强迫他做，以免引起下属的不安。如此一来，下属能做的时候，不致觉得领导太有能力，弄得自己无事可做；下属不能做的时候，也不致认为领导和自己一样没有能力，还当什么领导，双方面兼顾，当然很好。

任何事情，都不是单独一个人的力量所能完成的。单独一个人既然不能成什么事，那么我们就应该重视集团的力量，也就是通过组织来结合众人的能力，因此领导十分重要。只有通过良好有效的领导，才能够聚合众人的力量，使其产生凝聚力，并且朝向共同的一致目标，产生总动员的效果。大家一起来，胜过个人的单独表演。

如何做到深藏不露

把管和不管合起来想，就成为“不管之管”。

“不管之管”，其实就是“深藏不露”的具体表现。深藏不露乃是对有能力的领导说的，不是对没有能力的领导说的。领导必须具有相当的能力，才有资格讲求深藏不露。同时，中国人说深藏不露，目的是为了要露。只有站在不要露的立场来露，才不致乱露，才能够露得恰到好处。“我非常希望不露，能不露一定不露。但是，当我非露不可的时候，我只好露。我没有办法啊！我存心不露，现在是不得已才露。”这正是中国人高明的地方（如图2-3）。

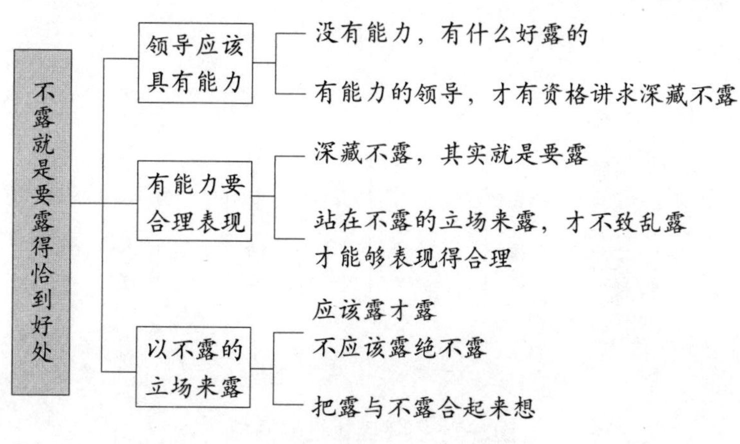

图2-3　领导要深藏不露

一个人过分表现，到最后没有人会接受。领导一心一意求表现，下属就会把表现的机会让给他，因此不热心工作。作为领导，应懂得深藏不露的艺术，把表现的机会尽量让给下属，这样大家都做得很起劲，才显得群策群力，而不是领导在表演独角戏。领导死要出风头，最要不得。

我们把“露”和“不露”，按照阴阳文化的思维方式，合起来想而不分开来看，阴中有阳、阳中也有阴。所以，露中含有不露的成分，而不露含有露的意思。

凡事先想不露。不露好不好？如果不露很好，请问为什么要露？若是不露不行，不露可能误事，不露不能解决问题，那么，再来想露。怎么露才合理？想妥当了，就露。露到差不多（恰恰好）的地步，便应该打住。不可以一露就不停止，一路露下去，总有一天露光了，江郎才尽，不过让大家多一些嘲笑的话题，有何好处？

应该不应该，是考虑的重点。应该表现时，当仁不让，也要自己束缚，表现到合理的地步，便适可而止；不应该表现时，必须礼让为先，让给其他的人来表现。

中国人的领导特性，在于“以最不表现英雄性来领导一群英雄人物”（如图2-4）。

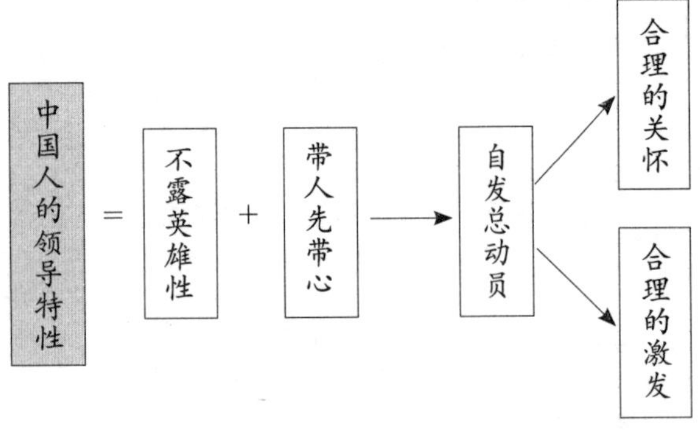

图2-4　不露英雄性的领导

楚汉之争，项羽是英雄，却由于自我表现英雄性而带不住人，以致兵败而自刎。刘邦样样不如项羽，但是很能用人，所以赢得最后的胜利。

要带人，先带他的心。攻心为上，乃是中国人的领导策略。西方人是“工作导向”，中国人则是“关怀导向”。运用合理的关怀，通过合理的激发，来促成全体成员的总动员，才是中国式领导的最高境界。

随着西风东渐，若干领导逐渐忘记此种特性，喜欢表现自己的英雄性，以致产生严重的“无力感”，不可不慎。中国人在紧急时期，需要英雄，也会给予其很大的鼓舞。但是，我们不像西方人那般，折服在英雄的宝刀下，这是身为领导的人值得深思的课题。

假定刘邦和项羽一起参加竞选，相信选民会为项羽的长相所吸引，使其高票当选。但是就任以后，由于不能知人善任，导致行政失调，效果不佳，结果也是选民自作自受、自食其果。直接选举常常选出中上之才，却选不出上上之才，可能和选民的抉择能力有关。

基层员工，由于和高层领导接触不多，往往为其假象所蒙蔽，不明真相。中层领导和高层领导接触密切，比较能够深刻体会，比基层员工更能了解高层领导的真正本事。由中层领导从事间接推举，比较有可能推出上乘人才。

一些中国人害怕权威，却不见得服从权威。具有英雄性的领导者，往往只能够获得大家表面上的唯唯诺诺，未必能够赢得真心的拥戴，所以才会产生无力感。

有组织，便有领导者；有领导，便出现组织。组织和领导，似乎分不开。组织能不能产生力量，完全看领导者能不能运用领导的艺术。领导的艺术，说起来很有趣，就是以最不具英雄性的领导者，来领导一群英雄人物。

有效的象棋模式

中国人下象棋，有的人车很厉害，有的人马、炮很厉害，有的人专门用兵。但是，从来没有人说他的老将最厉害。车、马、炮都可能厉害，也随时可能遇害。老将最不厉害，却总是挨到最后，还是没有被吃掉。这些厉害的车、马、炮，都为最不厉害的老将而牺牲，到底谁厉害？当然是老将最厉害。

老将深藏不露，放手支持车、马、炮、卒去发挥各自的才能，做到总动员的地步，这是有效的领导。

如果老将自己喜欢表现，处处要显得自己最厉害，那么，车、马、炮、卒便站在那里听命令，然后一个口令一个动作，弄得老将疲惫不堪，可能因此而减缩寿命。

象棋给我们的启示，便是领导不带英雄性，下属才会表现出各人的英雄性。领导的英雄性，很容易造成one-man-show（一个人表演）的可怕局面：领导不露英雄性，才有总动员的可能。

如果把一个组织大略分成三个阶层。象棋的将、帅，可以代表高层领导，车、马、炮为中层领导，而兵、卒则代表基层员工。三阶层各有不同特性，必须互相配合，才能各自发挥所长而产生总动员的效果（如图2-5）。

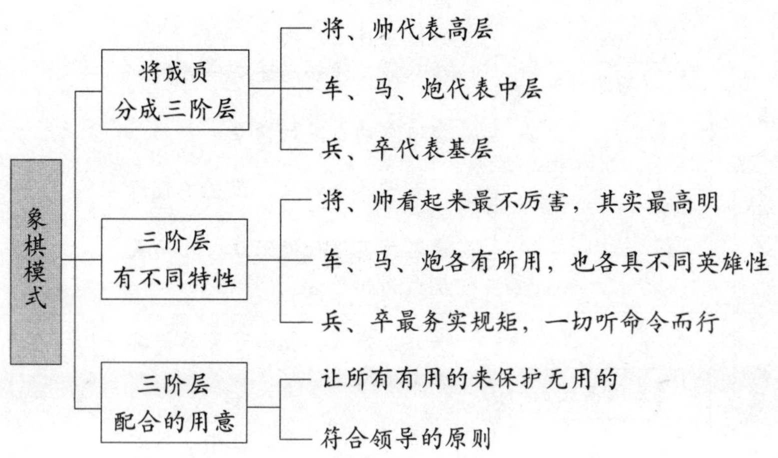

图2-5　有效的象棋模式

下象棋时到底是车、马、炮比较重要，还是兵或卒比较重要？这是一个相当关键性的问题。因为答案一呈现出来，我们便能够测出这位棋士棋艺的高低。回答“兵或卒比较重要”的人，大概棋艺较高，而回答“当然是车、马、炮比较重要”的人，很可能棋艺并不怎么样。只有象棋下得好的人，才有办法很快看出对手的高低。若是对手棋艺很高，马上改变策略，采取车拼车、马拼马、炮拼炮的方式，来代替吃掉对方车、马、炮的思路。拼到最后，双方车、马、炮都不见了，拥有兵或卒的人，当然获得胜算。所以，善于领导的人，直接亲近基层，比依赖中层更加可靠。

中国人很喜欢《西游记》《水浒传》和《三国演义》，这三部著作具有同样的启示（如图2-6），对中国人的领导有十分重大而深远的影响。

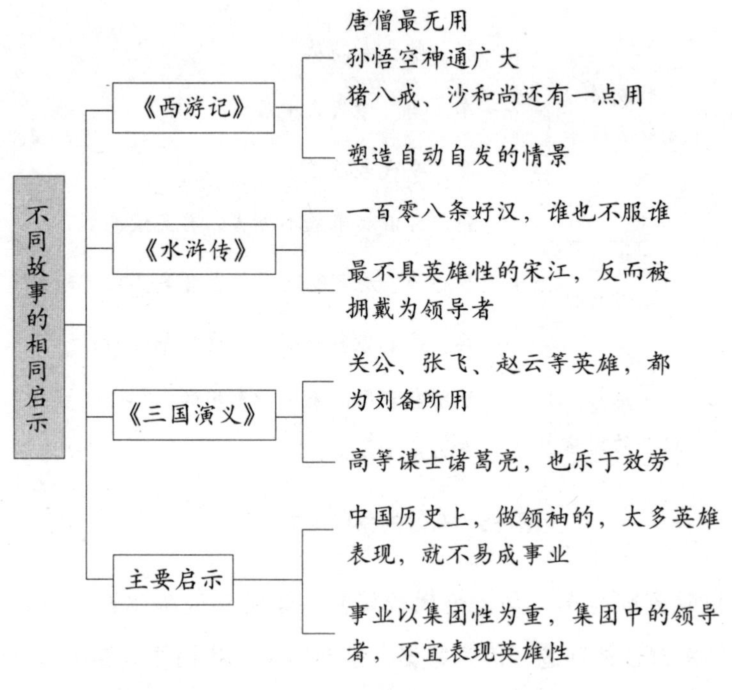

图2-6　三部著作的重大启示

《西游记》中以孙悟空最具英雄性，所以不让他当首领。唐僧经常被妖魔鬼怪抓去，要煮要杀，一点儿不具英雄性，却让他带队去取经。

《水浒传》中有一百零八条英雄好汉，一个比一个武艺高强，我们所看到的领袖宋江，竟然像一个没有用的人。

《三国演义》中的刘备，固然不表现英雄性；曹操手下猛将如云、谋臣如雨，几乎每一件成功的事，都由他手下人来表现；孙权更是如此，毫不显露英雄性。

历史学者钱穆先生指出：中国历史上，作为领袖的，太多英雄表现，就不易成事业。中国人的领导特性，乃是集团性大于英雄性；每一集团中的领导者，不易见其英雄性。

其实，唐僧还有另一种特性，就是每当孙悟空看出妖怪的原形时，都会好意提醒唐僧：“师父，那个是妖怪。”可唐僧几乎都不相信，回答说：“阿弥陀佛，悟空，不要乱讲。”然后被妖怪捉去。今天的领导，对下属的忠言，也常常不信，以致吃亏上当，似乎永难改变。

换成孙悟空当领导好不好？由于艺高人胆大，一路杀到印度，听不懂高僧的话，索性放一把火，把藏经楼烧掉。《西游记》变成了派孙悟空到印度去消灭佛教，难道是大家愿意见到的结果吗？如果领导者具有高度英雄性，必然为所欲为，很快将组织带向危险的境地，无人阻挡得了。诸葛亮愿意追随刘备，不见得肯为关公效命，其理甚明。

我们从象棋的将、帅，应该可以体会出无为而治的奥妙。将、帅不具英雄性，懂得深藏不露的要诀，实行“不管之管”；车、马、炮、卒才能够在将、帅的高度支持下，放手去做自己分内应做的事，既主动又互助，是一件非常好的事情。

思 考

1. 工作中，作为领导的你，是否也曾遇到过两难？那你是如何解决的？

2. 你认为领导深藏不露好不好？为什么？

3. 你认为应该如何运用象棋模式？

第三章　中美日的领导文化

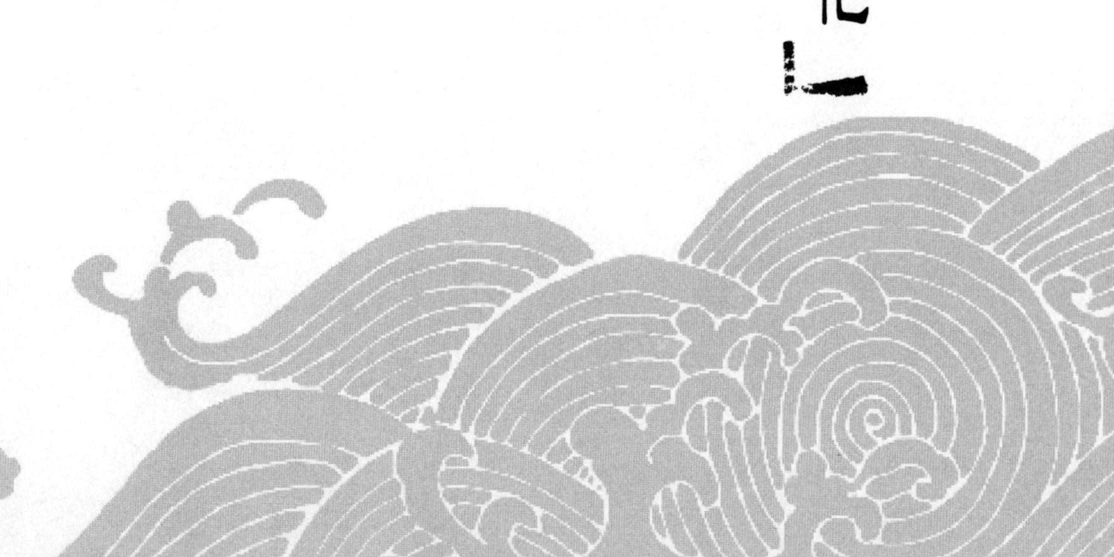

美国人承受希腊文化，
崇拜英雄，发展成奥林匹克式的领导。

日本人自称大和民族，
大者太也，和者顺也。太顺的结果变成愚忠。

中国人并不崇拜英雄，
风头太劲，就要伺机把他打下去！

中国人也不喜欢愚忠，
忠到盲目的地步，有什么好处？

我们讲求的是中庸文化，
中庸就是合理，一切合理化，才是正道。

合理的领导和被领导，
大家都愉快地立于不败之地。

美国式的英雄文化

美国是一个竞技民族：大家来赛跑，谁跑得最快，谁就当头。身为总统，居然还要卷起袖子，同人家较量臂力。有一位卡特总统由于慢跑得气喘如牛，总统便当不成了，这种美国人的英雄文化，来自希腊的奥林匹克精神（如图3-1）。

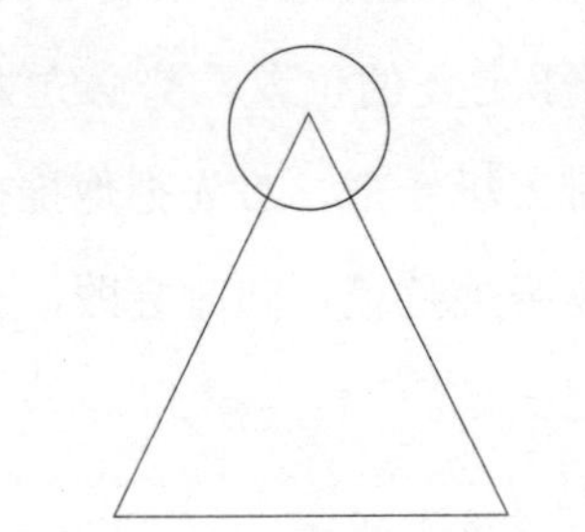

有底边，搞不好会推翻领导者

图3-1 美国式的英雄文化

通用电气公司的杰克·韦尔奇、微软公司的比尔·盖茨、标准石油公司的洛克菲勒、福特汽车公司的福特、杜邦公司的杜邦等，都是企业英雄，为美国人所景仰。美国人喜欢英雄，更崇拜英雄，所以经常在各种情况中，制造很多英雄。美国各阶层领导者，也往往以英雄自居，用英雄性来领导。英雄式的领导，形成一个有底边的三角形。重心如果不稳，可能会向左或向右颠倒，把顶点的领导者推翻掉，风险性实在很大。

美国著名企业家艾科卡，写了一本《反败为胜》的经验谈，居然大为畅销。主要是美国社会，以英雄文化为主流，不断缔造各式各样的英雄。在英雄文化的大环境中，英雄既容易脱颖而出，也容易一下子就被打倒，所以常常要反败为胜。他们不明白中国人“立于不败之地”的道理，却沾沾自喜于从败中谋求复活。同时，由于英雄出少年，使得年纪大的人在美国社会，很快被年轻人所取代，而徒自伤悲。

英雄基本上不能持久，不是被打倒，就是自己提早结束生命。领导者好不容易建立自己的信誉，却不能持久，岂非冤枉？如果因此而缩短寿命，实在更不值得。美国人不得已才这样做，我们要不要如此，各人自便。

美国人的横式集团观，认为组织成员之间，有AB、AC、BC等关系，彼此的地位可以互补。新成员很容易加入，而且一旦被接纳，其地位也和原有成员一样。A的地位，如同其他成员的地位一般，会随时发生变化。没有A，BC仍然相连接；新的A出现，很快可以进入。

易经乾卦指出：A居于上九的位置，势必亢龙有悔。领导者高高在上，独自站在山头上，推土机一来，首先把他推掉。美国人要看《反败为胜》这一类的书，便是身处危境，随时会败，必须吸收反败为胜的经验（如图3-2）。

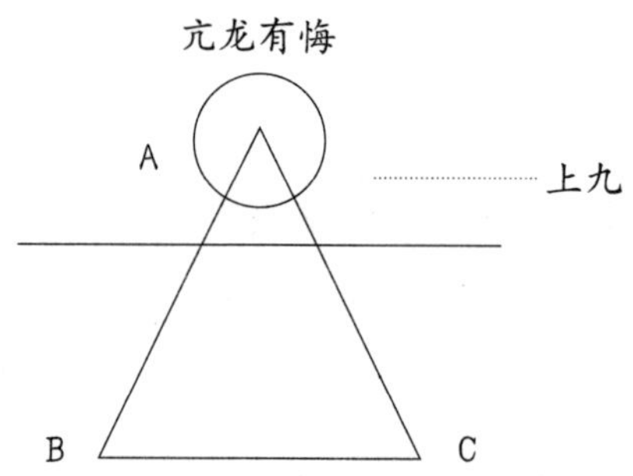

图3-2　有时不得不反败为胜

英雄最害怕年迈，偏偏每一个人都一年比一年老。就算长保英雄性，也难逃自然淘汰的命运。眼看着B、C逐渐健壮，竞技力愈来愈强，A的地位便逐渐动摇。美国企业的总经理平均寿命减缩十年，便是由于这种强大的压力所致。

领导者站在亮处，一举一动都被大家看得清清楚楚，毫无神秘性，也就逐渐失去权威性。一旦引起大家的注意，认为只要如此这般便可取而代之的时候，势必更加危险，增加很大的紧张性，当然也威胁到自己的健康。这种情况，是不能持久的主要原因。

为了确保领导者的地位，必须在任期之内，利用自己的权力去争夺利益，西方的霸道思想因此应运而生。嘴巴上说民主，实际上是相当自由而并不平等。采取严密的控制来提高领导者的权威，因而引起更多、更大的反弹，使得基层抗争、中层篡位的事情时有所闻，成为英雄性领导的最大弊病。把物种竞争的原理应用到人的领导上面，重争夺而轻互助，事实上并不合理。

美国人的长处，在崇拜英雄。领导者只要充分表现英雄性，成为大家崇拜的对象，就可以得到大家的爱戴。

日本式的大和文化

日本人的大和文化，使他们特别重视上下级的关系，以致纵式关系大于横式关系。同样的组织，日本人比较侧重AB、AC的关系，亦即B、C的心，会共同朝向A，以A的意旨为焦点（如图3-3）。

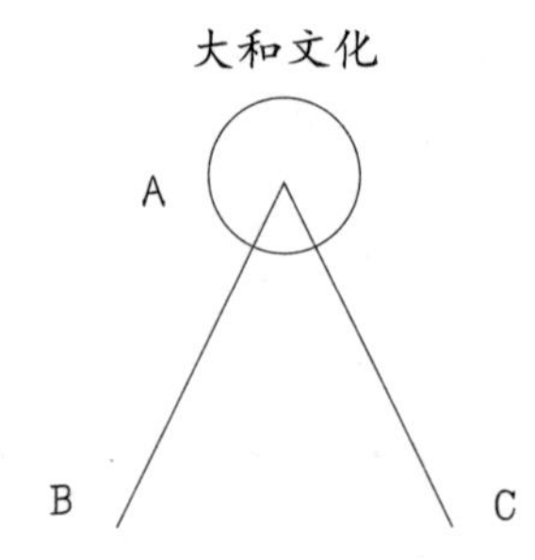

图3-3　日本式的大和文化

这种没有底边的三角形，使得A的地位重要而稳定。A的职务，通常由比较年长的人来担任，他不一定具有专长，却能够养尊处优。主要原因是日本人非常重视资历，谨守年资序列制度，这对于巩固领导者的地位十分有帮助。

日本人的伦理道德，把下对上的恭顺看得很重要。上保护下，下依从上；上对下施恩，下对上忠诚，彼此紧密地联系在一起，根本用不着讲求什么领导，自然产生集团的力量，这是大和文化的独特作风，其他民族事实上很不容易做到。日本人的团队精神令人羡慕。只要年资比较深，便可成为大家遵从的“前辈”，说起话来就能够获得大家的敬重。这种领导方式，实在轻松、简便。有没有能力，反而不是大家关注的重点，刚好和美国人的能力本位适得其反。

在日本社会，甲的年资较久，便可以担任领导，乙的能力较强，照样当下属。只要甲把工作让给乙，使乙有机会承担更大的责任，大家就认为十分安全。

年长的居高位，年轻的掌实权，未尝不是良好的组合。因为年轻的人，不致因自己的能力高强，就要取代年长的上级，反而乐于提供更多的协助，使上级安居于顶上的职位。大和文化的领导者，凭年资坐上高位，依然能够高枕无忧。可惜现代日本的风气已经逐渐西化，不再如此了。

日本索尼公司创始人盛田昭夫，便认为日本人的领导很像抬轿子。轿子一句话也不讲，安详地架在上面，好比气度恢宏的大老板。抬轿子的组织成员，将默默不讲话的“头儿”扛上肩头，一面流汗一面“嘿呦!嘿呦!”地向前走。大家心照不宣地朝向目标缓慢地移动着（如图3-4）。

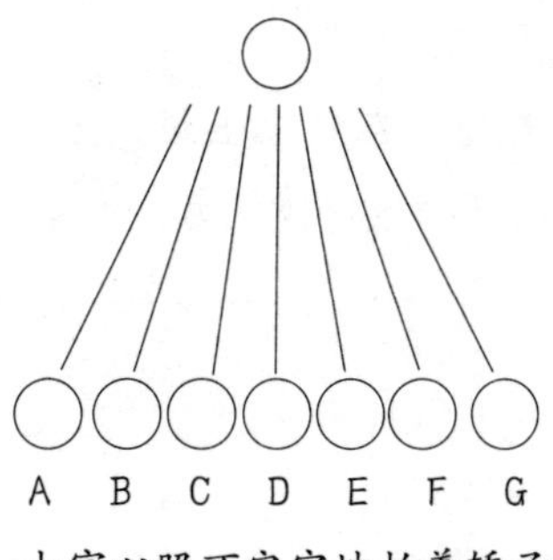

图3-4　组织成员抬轿子

如果决策错误，轿子就会迷失方向，甚至坠入海中。从历史上可以得到证明，一旦日本政府决策不当，举国疯狂忠顺的结果，造成若干惨无人道的事实，令人扼腕。

领导者猝然去世，往往发生组织的裂变，也是过分重视纵式集团的另一隐忧。任何一个抬轿子的人，要想安安稳稳地坐上轿子，必须用心建立新的从属关系，某些不服气的人，就会分裂而去，变成新的集团，另立门户。日本式领导，动员力强，而分裂性也大。

在日本社会，每当领导者有所变更时，组织的存在与否，能不能稳固如旧，便面临十分严峻的考验。新领导者的产生，主要取决于他和组织成员的既有关系，而不是他的能力能否胜任。首先，大家会注意到他在本集团中的供职年限。然后，大家会考虑他的年龄。由于集团的职位等级是按照进入的年份依序提升的，所以新领导者通常都是最为贴近原领导者，也就是在原领导者之下地位最高的那一位。如果同时有两位以上，那就按照年龄来决定，年长的优先。但是，这位被推举出来的新领导者，必须拥有相当数量的后辈，直接效忠于他。因为前任领导者的后辈不一定都愿意听命于他，所以必须大量换血，这也是大和文化领导上的一大特色。

日本人的长处，在服从上级，上级只要年资深、职位高，便可以放心地行使权力，大家没有话讲。

中国式的中庸文化

偏重横式的关系，势必引起无穷的竞争。天天作秀，却很难安下心来把工作做好，这是美国式领导的弊端。紧张忙碌，造成无法避免的困境。

偏重纵式的关系，产生盲目的忠顺，变成一部刹车不灵的车子，一旦走下坡，危险万分，这是日本式领导的危机。辛苦劳累，也是难以改变的日本式生活。

中国人中庸化，实际上兼顾纵式和横式关系，以纵式为阳，横式为阴。甲有自己的尊严，却善于通过乙和丙去充分了解丁、戊等成员的意愿，作为决策的参考（如图3-5）。

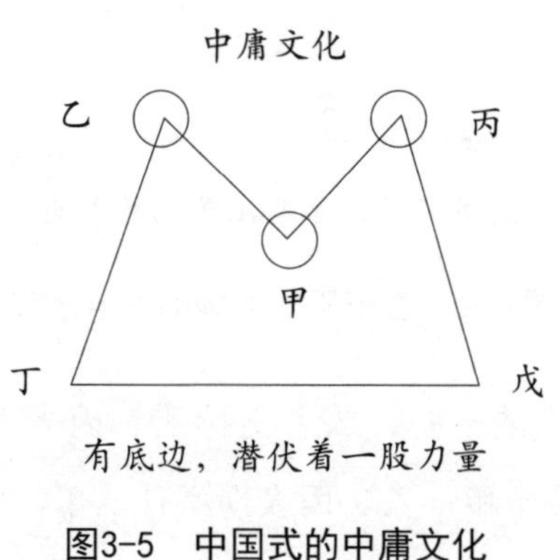

图3-5　中国式的中庸文化

丁、戊也有联系，形成一股潜在的力量，甲领导得宜，大家共同拥戴；不得人心，大家忍无可忍，也可能群起把他推翻掉。中国人的制衡力量，在下对上“不要顺”而不是“要顺”，站在不要顺的立场来顺才能合理。甲、乙、丙是领导集团，以甲为中心，甲却无英雄性。

中庸的真义，其实就是合理。合理地让乙、丙表现，也让丁、戊合理地顺从乙、丙的指示，而不是盲目服从。“不要顺”的意思，是“站在不要顺的立场来顺”，以求顺得合理，不致过分顺从而导致不合理的结果。因为一心“要顺”，就不可能避免“决策错误必将造成危险”的恶果。换句话说，把“不要顺”和“要顺”合起来想而不分开来看，才能够同时兼顾顺与不顺，才能顺得恰到好处而无所遗憾。下属具有这种看似“上有政策下有对策”的良好素质，领导才敢及时做决策而且放心地支持下属放手去做。上有政策下有对策，只要心存谨慎，务求政策得以落实，那就是集团应有的运作。

甲居于九五尊位，用不着表现英雄性，发挥“深藏不露”的精神，必能立于不败之地。所以，高明的中国领导者，实在用不着看《反败为胜》这一类的书（如图3-6）。

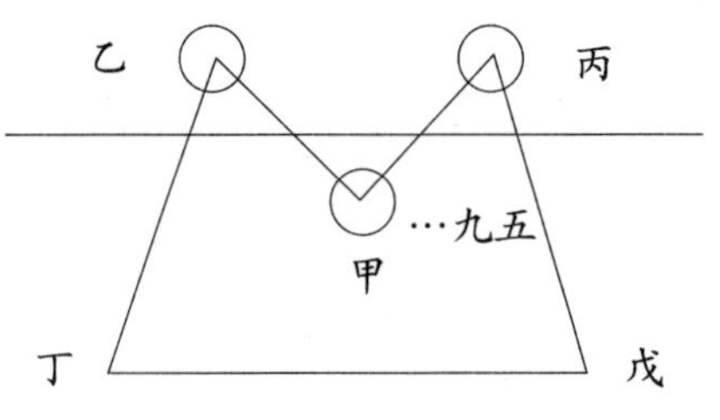

图3-6　立于不败之地的九五之尊

领导者甲自己收敛一些，放手支持乙、丙去表现。乙、丙表现良好，丁、戊等人归心于甲；乙、丙表现不佳，丁、戊激烈反对，甲可以把乙、丙换掉，无损于自己的位置。这看起来很险诈，其实道理十分清楚：甲无为，才能公正地分辨乙、丙是否合理地有为，也才能公正地分辨丁、戊的反应是否合理；甲有为，乙、丙反而无所为，那么，整个领导运作基本上就乱了。

乙、丙是甲的班底，甲通过班底去做事，自己可以减低风险。但是，甲必须谨慎建立公的班底，摒弃私的班底，否则他会被自己的班底所拖累，以致同归于尽。让班底去表现，自己留有缓冲的余地，这才是合理的领导。

公的班底和私的班底，根本差异在出发点为公或为私，颇有不同。这一点将在后面再作详细说明，届时自然会清楚。班底为公，就成为领导团队，没有什么不好。班底为私，那就是营私舞弊的小圈圈，十分可怕，而且会带来很大的祸害。

把前面所说的上九，和这里所说的九五做一番比较，很容易就会发现，让乙和丙站在亮处，领导者甲自己深藏不露，等于躲在暗处，不但可以躲过很多攻击，而且很方便客观地看出乙、丙的表现到底合不合理，以便及早加以辅导，使其有效地调整，务求合理。

九五之尊，和象棋的将、帅一样地无为，才能够促使乙、丙像车、马、炮那般，自动自发地大有所为。

中国人当领导，是真的英雄便不能轻易表现其英雄性，否则不可能长久；是好领导就不要处处摆出领导的威风，不然大家口服心不服，亦是徒叹奈何。

思 考

1．为什么美国人十分崇拜英雄？

2．为什么日本式的领导一旦决策错误时就十分危险？

3．中国人的中庸之道，在领导上如何表现？

第四章　如何做好领导

领导有三个步骤，
都以看得起下属为共同的基础。

第一步是扭转乾坤，
抱定不与下属争功的心态。

第二步是邀请参与，
下属不敢参与，要使他具有信心。

第三步是约法三章，
规定不能太多，简单具体最有效。

一切以公正和诚信为出发点，
使下属深信不疑而自动发挥潜力。

从现在开始尝试着实施，
熟练之后自然灵巧而有效。

把组织颠倒过来

所谓乾坤意指天地，扭转乾坤就是把组织颠倒过来，地在上而天在下，这样天气向上、地气向下，才容易沟通，符合阳气向上、阴气向下的自然道理。领导在上，下属在下，以上指使下，下属就会承受压力，因而产生抗拒，对领导不能自然地接受。

倘若颠倒过来，领导把下属捧得高高的，充分看得起他，凡是下属能够处理的事情都放手并支持他去发挥，让他有成就感，相信下属必然十分乐意而自动自发。

中国人最喜欢听一句话，大概就是："我支持你，你放手去做。"可见"以大事小"，把下属安置在自己的上面，相当有效。放下身段，不能高高在上。

下属不能做的，要设法辅导他，让他会做，下次他自己就有兴趣主动去做。不要抢夺下属的功劳，不要剥夺下属的成就感，这是领导的第一步（如图4-1）。

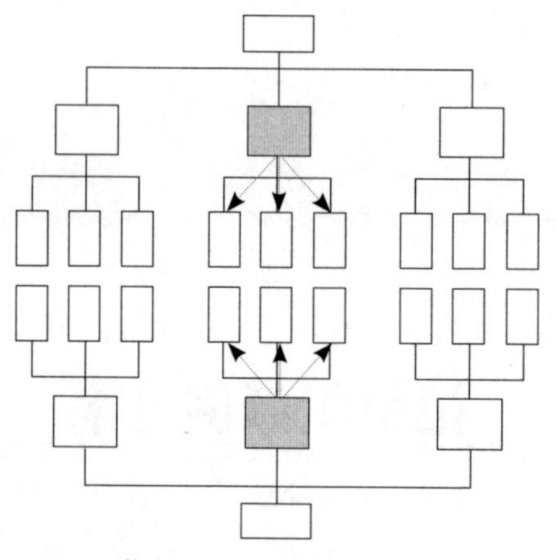

下属能做的，放手让他去做
下属不能做的，辅导他
不夺取下属的功劳，让他有成就感

图4-1　把组织颠倒过来

领导以看得起下属的心态，让下属觉得很有面子，是激励下属好好表现的有效方法。如果你去询问一位年轻的朋友："为什么那么努力？那样用心？"答案多半是："没有办法，领导看得起我，我得表现好一些，要不然不好意思。"

相反地，一位下属态度消极，工作不力。你问他为什么会这样，答案大多是："反正领导看不起我，表现得再好，他也不会认定，干嘛那么拼命？"

可见，给下属面子，看得起他，这对领导来说是十分有利的。高高在上，把下属压在下面，令其动弹不得，或者由于不受尊重而没有面子，不如反过来把下属捧在上面，让他不好意思不好好表现。

以大事小，正是树状组织生生不息的原理。把组织颠倒过来，由原来的金字塔变成树的形状而不是机械的倒金字塔形（如图4-2）。

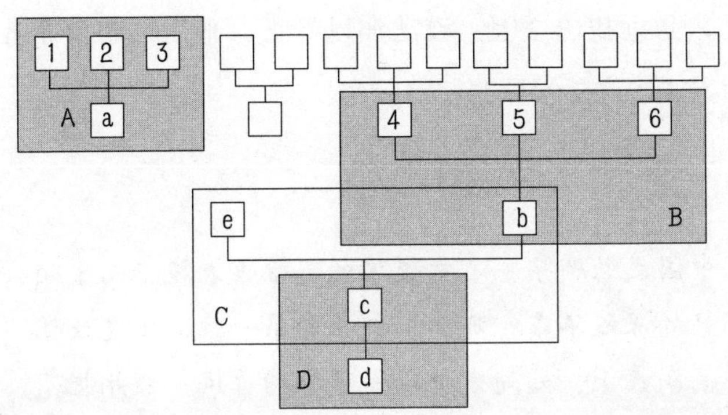

非常时期：①挺身而出，拿出办法　　平常时期：①尽量放手让下属去做
②有勇气能担当　　②授权是最好的训练

图4-2　放手支持下属好好表现

下属是枝叶，领导便是树干，所以称为干部，下面有树根，支持树干好好去发挥。1、2、3能做的，a不做，就让1、2、3去发挥。4、5、6能做的，b不做，让4、5、6去发挥。e、b能做的，c不做，让e、b去发挥。c能做的，d不做，让c去发挥。千万不要上侵下职，自己忙碌不堪，下属却觉得没有事情做而制造是非，那才是冤枉。

c不能做的，d来做。e、b不能做的，c来做。4、5、6不能做的，b来做。1、2、3做不好的，a来做。平常时期，尽量放手让下属去做；非常时期，领导挺身而出，表现得有勇气、有担当。这才是树状组织互依互赖的特质，发展为生生不息的精神。

领导在平常时期，尽量放手让下属自己去把工作做好，其实是在工作中训练下属、培育人才的最佳途径。下属能做的，让他自己去发挥，使其获得成就感，当然愈做愈起劲；下属不能做的，教导他、辅助他，但不能代替他做。有些领导为了自身的安全，抓住某些工作不肯放手，生怕下属表现得好，影响到自己的位置，这种想法是不正确的。因为下属忙碌，领导才能放心；若是下属不忙，反过来经常找领导的麻烦，那才头疼。

非常时期应该比平常时期短暂，才属正常。如果一直非常下去，那就十分不正常，必须找出原因，设法加以导正。平常时期和非常时期各有不同的处理方式，这是领导的权宜应变。

中国式的领导，不重领导的英雄性表现，而重领导巧妙的深藏不露。那么，领导的第一步，便是改变自己高高在上、处处发挥以大事小的作风。领导把下属看得有分量，把他捧得高高的，下属自然不好意思不争气，有机会就能好好表现一番，不让领导失望。

适时邀请下属参与

将组织扭转过来，领导放手支持下属去做事。但是，下属依然心存害怕，未必真的敢放手去做。主要原因是“多做必然多错”，喜欢参与却不敢贸然参与，想要主动也不愿意主动，所以领导最好能够设法邀请下属参与，培养他们自动的气氛，养成自发的良好习惯。

邀请下属参与，可以使用各种不同的方式，例如：请他记录或录音；请他代表发言或提出方案；请他整理有关资料或邀约有关人员；请他模拟相关情形并提供对策；请他监听协商内容并适时提示；请他办理或协助有关事宜；等等（如图4-3）。

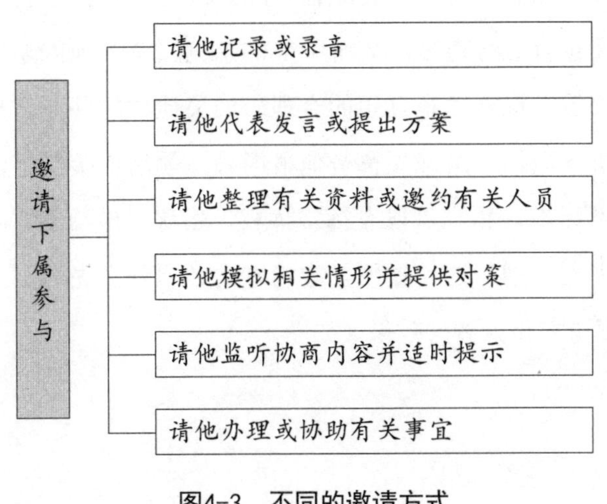

图4-3　不同的邀请方式

只要赋予合适的责任，使其由不好意思不参与到自发地热烈参与。既然受到领导的邀请，当然可以放心地参与。自己贸然前来，万一领导不表示欢迎，岂非自讨没趣？对于下属的这种顾忌，领导必须主动加以消除。

参与是一种习惯，领导先要去除下属的不安，根据他们个人的特长，适当地邀请，以看得起的心情来激发其参与。能不能邀请合适的下属使其合理地表现，对领导而言，具有很大的挑战。看错了，应该邀请的没有邀请，不应该邀请的却给予邀请，反而会让下属看不起，认为领导不知人，也不善任；甚至可能被误解为滥用私权，偏爱某些人；或者有意让某人难堪，故意弄些难题让他出丑，那就更加影响士气，破坏了团队的和谐。

领导愈具有知人之明，受邀请的人就愈容易接受，否则推三阻四，也是难免。邀约适当的下属，对当事人固然是一种荣誉。没有被邀请的人，也会努力向上，希望有一天能受到领导的邀请。

领导诚恳邀请下属参与，下属如果不领情、不接受，那该怎么办？不能勉强下属接受，以免引起反感，也不能没有反应，或者立即改邀别人，造成不良的后果。一个决策，下属很乐意去参与执行，大家都很愉快；若是下属不乐意配合，千万记住中庸之道是要彼此求合理的。领导应该承认下属也有五分道理，先听听他的意见，假若他的意见很对，领导就要调整决策，这样才是真正的合理。如果他讲的并不合理，领导可以分析给他听，当然，最好先称赞他很用心。最后他接受了，彼此都愉快；他坚持不让步，领导可以发挥指挥权，俗称“敬酒不吃吃罚酒”。先礼后兵，先柔后刚，这种软硬兼施的方式必须分出先后，才会增进和谐的气氛，尽量获得人和的效果（如图4-4）。

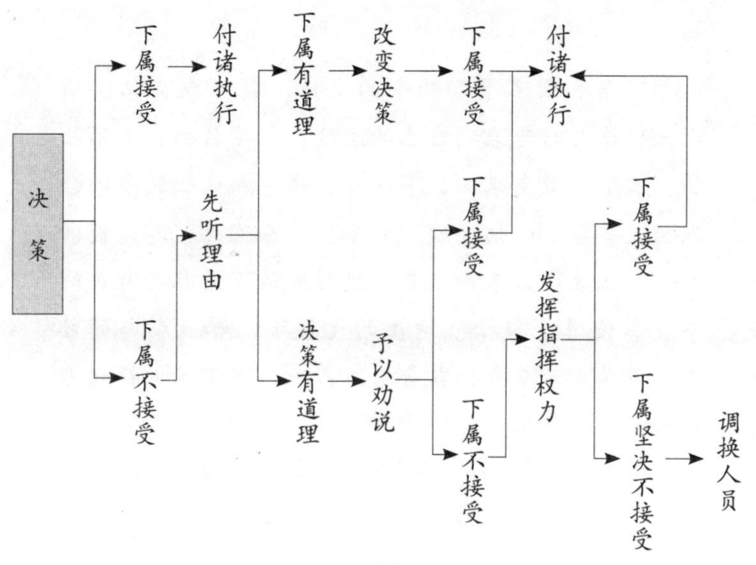

图4-4　下属不接受要有效处置

领导最好冷静思虑，下属不接受邀请，到底是真的不会做呢，还是由于不愿意做而借口推辞？孟子曾把这两种情况称为“不能也”和“不为也”。并且指出不能也比较容易克服，可以教他、帮他，或者派他出去接受训练，很快就由不能变能；至于不为也，那就应该提高警觉，为什么不为？是不敢做？不愿意做？或者是不多做？先分辨明白，再对症下药，才比较有效。

不敢做的原因，大多来自对领导的不信任感，认为领导随时会借故找他麻烦，所以想做、能做也不敢做。不愿意做的原因，主要是心中有不满，存心应付而不积极。不多做的原因，是害怕多做多错，对自己不利，或者气氛不对，多做会引起同人的不满，因此少做为妙。

下属如果不了解领导的个性，就不敢乱动。所以，领导最好先表明自己的态度：一不强制，二不压抑，三不盲目要求，让下属真正体会和认知领导的合理性，亦即“一切合理”的原则，在彼此之间，获得共识。领导率先表示诚意，随时邀请下属参与有关的事宜，使其在轻松、愉快的气氛下，养成参与的习惯。下属乐于参与，就会全心投入，把事情做得相当圆满。

与下属约法三章

下属很热心、很主动，做事很起劲，这时候当领导的心情如何？很愉快，也很害怕，为什么会害怕？因为中国人往往过分自作主张，所以孔子才告诫我们“不在其位，不谋其政”，希望我们重视“专职分工”的道理，不要乱管闲事。下属有了自动自发的精神，领导就要适时约法三章（如图4-5），作为彼此之间共同的约束，以免人人擅自做主，乱了阵脚。

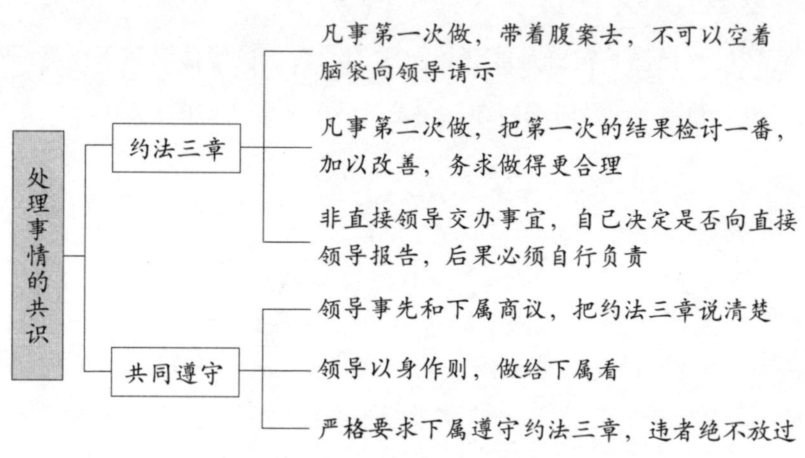

图4-5 领导和下属约法三章

约法三章的要点如下：

首先，凡是下属第一次遇到的工作，不要擅自做主，须想好腹案，当面和领导商量，彼此达成一致后，才能同心协力把事做好。

其次，第二次做，不可依样画葫芦，要有所创新、有所突破。

再次，领导以外的人员交办事宜，下属应该主动和领导商议，取得领导的同意，或者报告一下，比较合理。

我们看看一般人的做法。第一次遇到事情，往往不是盲目找领导请示，便是信心满满地擅自做决定。前者是缺乏责任感的表现：反正领导做主，自己用不着负责任；后者则经常自以为是而招致许多想象不到的后遗症，因为学识、经验的欠缺，哪里能够想怎么样就怎么样？如此一来，置领导于何地？

第二次做的时候，不是依循前例，认为上一次怎么样，这一次当然可以照办，便是把它当作第一次遇到，向领导请示或者擅自做决定，基本上都是不正确的态度。

至于领导以外的人交办事宜，有些人采取全部报备的方式，甚至要求他们先向自己的领导说好，才能承接。有些人则完全不向领导报告，自己需要就做，也不合宜。

有效的领导，其实就是能获得及时的回馈。换句话说，下属能够自动自发地向领导提出及时的回馈，便是有效的领导（如图4-6）。

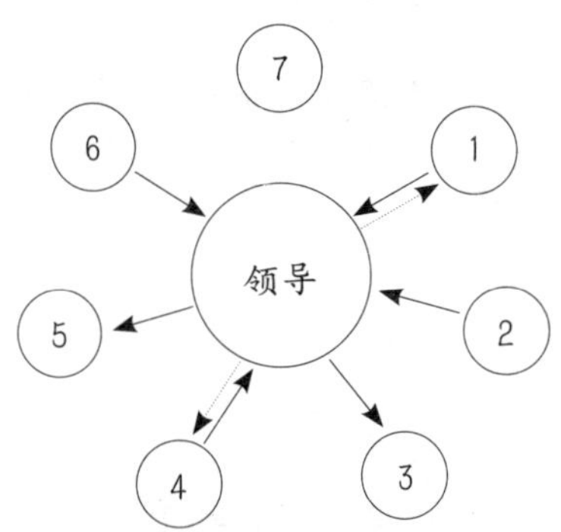

图4-6　有效领导获得及时回馈

领导的原理，其实便是“刺激与反应的过程”。领导有刺激，下属有反应。反过来，下属有刺激，领导也有反应。彼此密切配合，化有形为无形，大家都愉快。如图4-6所示，领导有7个下属，1和4与领导做双向沟通；2和6向领导单向报告；3和5接受领导的辅导或协助；7则暂时无反应。这些情况都是动态的，并非固定如此。良好的领导，表现在双方都能够掌握时间的因素，做到及时反应。

下属有事会自动找领导，无事就不会死缠着领导。领导认为需要，会适时地给予辅导，否则也会尽量让下属自主工作，不随意干扰。及时回馈，必须注意事情的本末、轻重、缓急、大小。凡事考虑其时效性，予以A、B、C重点区分，领导和下属都能够及时有反应，效果必然十分良好。

通常下属都会抱怨，领导给他的压力太大，好像十分不信任他，老是催促、查询、指责。殊不知这种情况，下属自己也应该负起很大的责任，因为领导所担心的，实际上并不是下属会不会做、愿不愿意做。领导所最害怕的，是下属不吭气、不出声，等到时间一天一天消耗掉，到了最后关头，才表示不会做或不愿意做。

领导心里气愤的，并不是不会做或不愿意做，他所不能谅解的是：为什么不早说？早说不会做，可以另请高明，甚至自己投入，都不成问题；早说不愿意做，也有时间另行设法解决。把宝贵的时间耽误掉，才说出来，当然令人气恼。可见及时回馈，是被领导者必需的修养，也是领导者应该严格要求的事项。

约法三章，使下属动而不乱，在自动自发中，不会越权或失职。领导应该做到的事情，必须自己率先做好，然后再来要求下属，下属就比较容易接受。否则片面要求下属遵守约法三章，自己却经常开恶例，不按照约法三章的精神办事，下属自然也会仿效，弄得大家都丧失信心。

思考

1. 你认为把组织颠倒过来其意义何在？

2. 如果你的下属不接受你的邀请该如何处理？

3. 工作中，你有约法三章的习惯吗？如果有，那你又是怎么做的呢？

第五章　领导的境界

领导就是动员，
把大家都动员起来，叫作总动员。

带一个人的心，只是领导一个人，
带所有人的心，才是真正总动员。

中层的处境最为尴尬，
既要领导，又要被领导，必须时常调整。

几乎每一个人，都可能处于中间的地位，
如何承上启下，才是领导的真功夫。

圆通的领导，应该达成三大目标：
上、中、下处处得宜，人和还要天时地利。

圆通绝非圆滑，必须加以明辨。
我们欢迎圆通、圆满，而非圆滑。

做圆通而非圆滑的领导

领导是一种程序，使组织成员共同为组织目标的达成而努力。有领导者，就有被领导者，更有彼此共处的情境。他们之间构成的互动，便是领导。

中国人喜欢说动员，意思是把成员动起来。如果能够做到全员参与，那就是总动员。大家一起动，而不是个人表演。

组织成员，各有各的角色功能，必须具有同台演出的观念，肯定每一个人都重要。因为红花再美，也需要绿叶的陪衬。大家一起来，各尽所长，才能够获得更大的组织力。有组织却缺乏组织力，便是领导无方的缺失。

领导者自己拼命表现，大不了是一场出色的个人秀。个人的力量毕竟是十分有限的，何况大部分的事情并非独力所能完成，必须大家通力合作。所以，总动员才是良好有效的领导，我们称之为圆通的领导（如图5-1）。

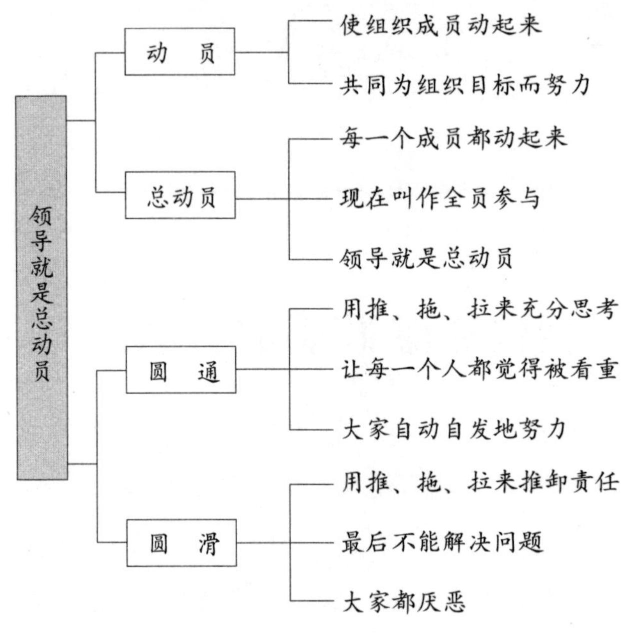

图5-1　领导就是总动员

现在很多人根本弄不清楚圆通与圆滑之间的差异，自以为是地把圆通看成圆滑，使得社会上的评判标准都搞乱了。

圆通，是灵活通达，一点儿也不圆滑。圆滑则是打马虎眼，企图鱼目混珠，一点儿也不圆通。

譬如见什么人说什么话，如果拿捏得十分合理，当然是圆通；若是只求不得罪人，效果未必合理，那就是圆滑。说到大家都很愉快，没有什么不良好的结果，自然是圆通；说到大家都不相信，结果不良好，便是大家所厌恶的圆滑。推、拖、拉本身无所谓好不好，运用得恰到好处，称为圆通；运用得不合理，就叫圆滑。存心要化解问题，便是圆通；存心推卸责任，就是圆滑。

领导可以说是一种激发他人乐于为团队目标而奋斗的历程。有些人确实具有专长，而且在品德上也没有重大的缺陷，然而却不能有效地领导，原因是他无法得到下属的心，更谈不上乐意接受他的领导。自古以来，“得人心者昌”，就受到重视（如图5-2）。

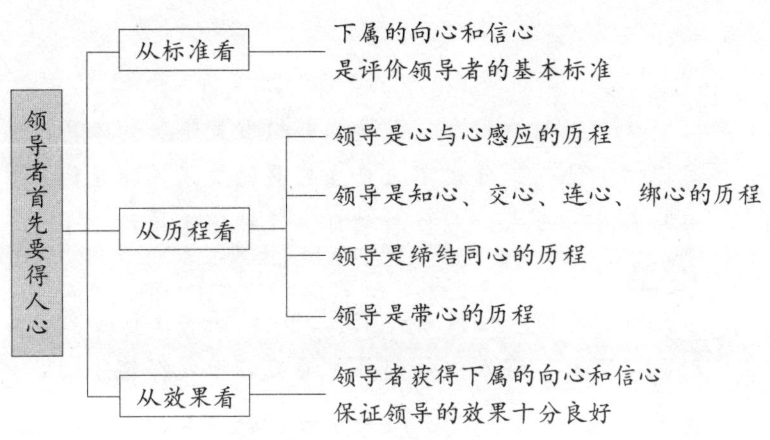

图5-2　领导的本质是带心

下属的认可与否，乃是领导者有无实质领导效能的关键。缺乏向心和信心，便证明领导是失败的。下属不接受领导，领导当然领导不起来。

任何事业，都是人的事业。领导的本质，便是带心，亦即由关心人开始。领导者的成就，依下属的反应以及表现而定。领导者必须确认：自己是在人的事业中奋斗，所以要重视下属的心理反应。

带心并不是讨好，领导者绝对不可以讨好下属，那样势必无法达成目标。只有抱着不讨好的心态来得到大家的心，才是圆通的领导。前面已经说过，领导是心与心互相感应的历程。只要领导者与被领导者的心产生若干距离，双方就契合不起来。明明是一句好话，也可能被误解。明明是一件好事，也会由于缺乏连心而彼此猜疑，导致不良的后果。所谓好意变成坏意，很多都是疑心造成的。人心善变，所以不容易掌握。

带心的人，本身必须具有灵活的应变力，能够将心比心而随机应变。如果做不好，很容易形成投机取巧，一旦心术不正，就成为圆滑奸诈。圆通的领导者，应该自己率先正心。务求心正意诚，再来应变，以随机应变防止投机取巧，被领导者才能心悦诚服，不致有被骗的感觉。

每一个人的能力，实际上都相当有限。如果不足以动员他人，就谈不上产生领导的效果。领导能够动员每一个人，叫作总动员。这种团队精神，十分可贵。

领导必须看得起每一个人，同时还要主动合理地关心下属，得人心的领导才能更好地发挥领导的价值。

学会被领导才能当好领导

每一个人，几乎都同时在领导别人，也在接受别人的领导。我们最好先学习如何接受领导，然后再学习如何领导别人。只有能当好下属的人，才有可能当真正的好领导。若是和领导处不好，又希望下属和自己好好相处，这样的结果多半是否定的。

组织中最可怕的人，是那些既不能命令又不受命的害群之马，一方面无法领导他人，另一方面也不接受他人的领导，当然也就成为领导的障碍。既不是好的领导者，又不是好的被领导者，最终什么都不是。

领导的基础是被领导（如图5-3）。了解自己在什么情境之下最乐意接受他人的领导，然后将心比心，以同样的方式创造类似的情境，就比较有可能让自己的下属也乐意接受自己的领导。消减排斥力，增强接受力，创造有利的环境，即是圆通领导的基础。

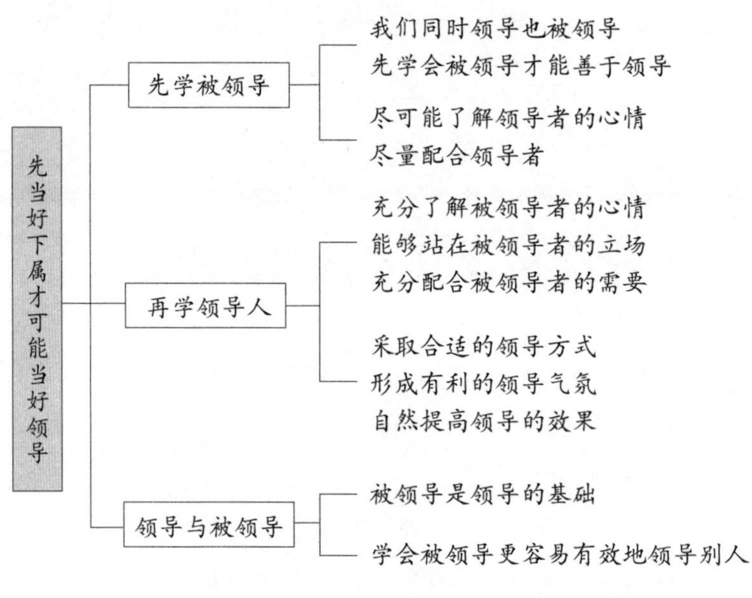

图5-3　领导的基础是被领导

有一些下属，对领导非常不满意，后来自己当上领导，却表现得和他所讨厌的领导一模一样。一方面自己也觉得可笑，另一方面也才明白，原来立场不同，感觉会差那么多。可见，将心比心，设身处地，才是互相了解的有效途径。凡事只站在自己的立场来考虑，事实上很难体会对方的苦衷，因此怨言不断，无法包容体谅。

圆通的领导，除了替自己盘算之外，也会站在下属的立场来设想：怎样才不会引起抗拒、排斥？怎样才能够安心地接受，用心地思虑，并且细心地回应？

若是领导者设想周到而且措施合理，下属仍然不加理会，则要稳定情绪，不随便发脾气。然后再点他一下，看看能不能点醒，不然就提出一些问题，让下属自己反省。

民主的潮流，使得独裁式的领导很快地成为过去，代之而起的是自发的领导，就是充分激起被领导者的自发心，使其自动自发，接受领导（如图5-4）。

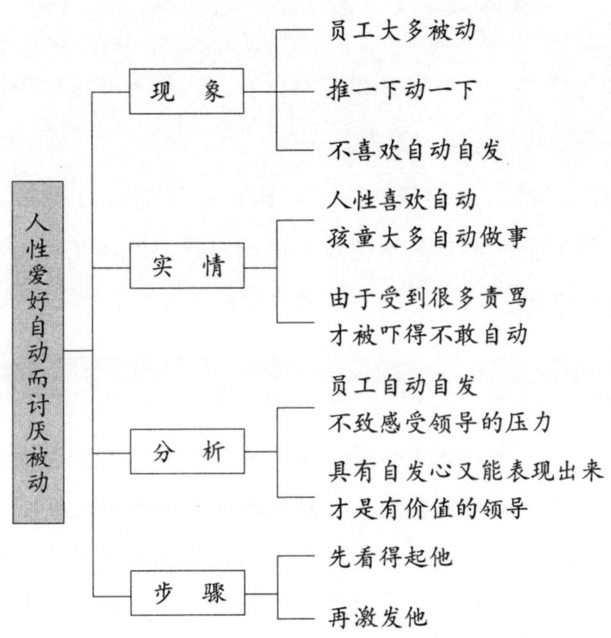

图5-4　领导的价值在于使被领导者自动自发

莎士比亚说过，正义加上慈悲的调味，人能成神。

领导者公正无私，运用适当的沟通，让被领导者了解团队的目标，并且激发高昂的工作热忱，上下一致，共同创造高效的业绩，这才是领导的真正价值。

人对自己的决定最愿意顺从，心在哪里人也在哪里，所以得人心的领导，可以产生自动自发的效果。

希望下属自动自发，领导者必须给予相当的敬重。我们常说“敬人者人恒敬之”，领导者率先敬重被领导者，被领导者就会以敬重领导者来回报，于是自动自发，共同创造最有价值的领导。

一般人错误地认为，人喜欢被动而不喜欢自动。以讹传讹的结果，也使人误以为自动自发几乎是不可能的。然而，我们稍微用心观察，便知道我们从孩童时期，便十分自动，可惜每一次自动，换来的大多是父母的苛责和打骂，使我们愈来愈不敢自动，宁可被动以求平安。长大以后，已经养成被动的不良习惯，又受到领导的指责，想起来实在相当无奈，也很可笑。

领导者最好明白：下属喜欢自动自发。我们不要重蹈覆辙，又弄得下属再度陷入被动的无奈与无力。

激起员工自动自发的热忱，才是圆通领导的价值所在。先看得起他，再设法激发他，使其忍不住重新燃起自动自发的儿时力量。童心再现，自然自发见效。

为了兼顾领导和被领导，我们必须适时调整自己的位置，随时重新定位，以维持上下或平行之间的人和。首先学会被领导，然后才能当好领导，站在下属的立场考虑问题，通过激发他们，让下属自动自发地工作，从而达到领导的效果。

领导的境界在于无为

无为不是什么都不做，而是梁启超先生所说的“不要管他”。有些人讨厌被管，领导者如果存有管人的心态，被领导者便会存心气他，结果管不好还要受气，实在不是好办法。不管他，他就不会反过来气你。

梁先生的“不要管他”，实际上只说了一半，下面还有四个字，应该是“却要理他”。领导者不理被领导者，被领导者也会生气：“为什么不理我？”

“管人”是消极的约束，“理人”才是积极的领导，但是，两者都属于有为的范围。再进一步，用“安人”来激起大家的自动自发，才是真正的无为而无不为（如图5-5）。

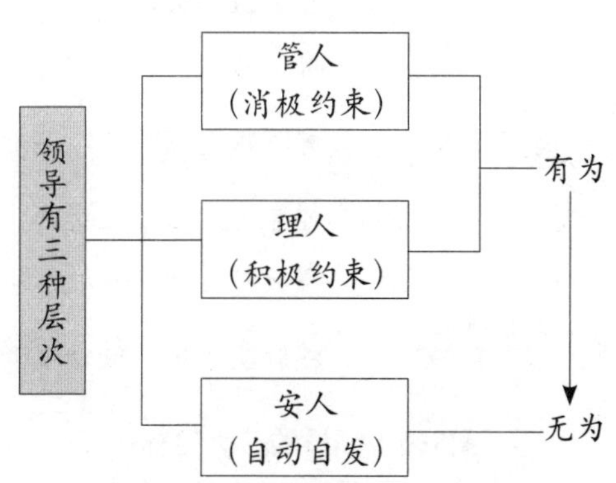

图5-5　领导的境界在于无为

无为必须达成无不为的目标，才是领导的最高境界。领导者由有为到无为，必须经过一段得人心的历程，向心力和信心增强，员工自动自发，便能够无为而治。

无为而治，实际上就是员工自动自发的良好结果。领导者采取民主方式，由下而上产生一些制度，大家互相推演，修订再修订，自然形成一些合理的制度。于是在制度允许的范围内，大家发挥自动自发的精神，各自把分内的工作顺利完成，岂非领导无为而下属大有为？这种无为的领导，必须在确保无不为的前提下才能够放心地实施。最好先从有为着手，然后逐渐提升到无为的层次。同样有为，也由管人到理人，更为安全。

面对不同的被领导者，采取不一样的领导层次。就算同一组织，对不同成员，也应该有不相同的领导方式，以适应个别差异，收到预期的领导效果。

无为而治，当然是可能的。虽然很不容易做到，却值得尝试。

领导者往往也是被领导者，如果希望达到圆通的地步，必须同时兼顾领导的三大目标（如图5-6）。

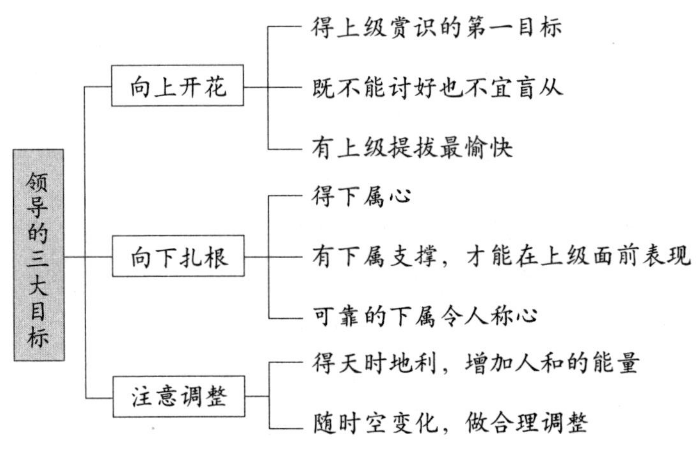

图5-6　领导的三大目标

向上开花，亦即获得上级的赏识。拼死拼活，却得不到上级的赏识，岂不是十分冤枉？老实说，有人提拔总比自己拼命往上爬要愉快得多，所以向上开花很要紧。

向下扎根，亦即获得下属的归心。有些人只顾上不顾下，往往不能持久。因为下属不能归心，很快就会失去信心，减少向心，于是不愿自发，就很难有效领导。

注意调整，亦即创造有利的环境。上下之间处得很好，叫作人和，人和之外，还需要天时、地利的配合。因应环境的需要，随时调整自己的态度和步调，才能顺成。

向上、向下的同时，也要留意平行同事的反应，同样要取得他们的人和。

向上开花的意思，其实是有可靠的下属，等于让自己脚踏实地，站得稳当，然后才敢向上积极建议，提出可行的点子。否则上级一旦欣然接受，自己却得不到下属的支持，岂非吊在半空中自讨苦吃？

妥当的做法，固然是先向下扎根，再求向上开花。但实际情况并不是如此。自己不能获得上级的赏识，下属就不愿意归心，这也是人之常情。所以，同时兼顾上下的关系，应该是合理的方式。心目中只有上级，却没有下属的存在；或者全心全意照顾关怀下属，却忽视上级的存在，基本上都不是好现象。任何一方的阻碍，都足以破坏和谐的气氛，达不到人和的目标。

至于调整，那就是不断有轻微的变化，既不引人注目，也不招惹抗拒，逐渐调整，轻松愉快地求得合理。

从管人到理人再到安人，从有为到无为，这是逐渐递增的领导境界。无为不是什么都不做，而是要达到无不为的目标，这才是领导的最高境界。

思考

1. 作为领导，你是如何得到下属的心的？

2. 为什么说领导的价值在于使被领导者自动自发？

3. 你将如何达成领导的三大目标？

第六章　三种领导方式的循环

领导的过程，是动态的，
领导者要依据实际需要，适时调整领导方式。

一般来说，对新进员工采用分配式领导，
即由领导者直接分配合适的工作。

当员工对工作熟悉之后，
改用管制式领导，尽量经由双向沟通来互动。

自动自发的员工，有了约法三章，
便可以采用协调式领导，让其充分自主。

紧急的情况来临，
要求领导者快速应变，立即回到分配式领导。

三种领导方式循环往复，
最好及时合理调整，确保有效。

从分配式领导开始

领导的方式主要有三种，即分配式、管制式和协调式（如图6-1）。

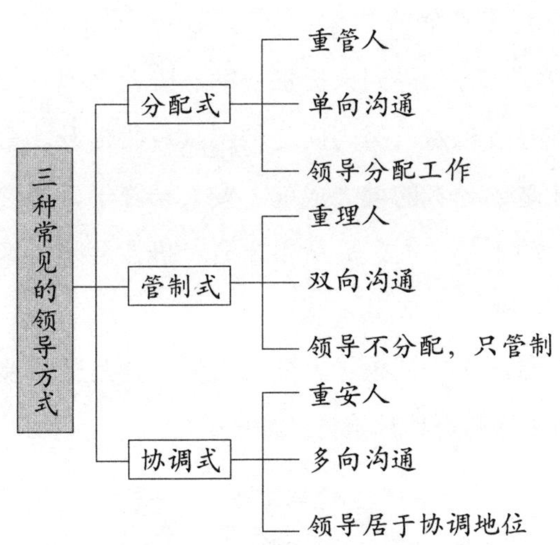

图6-1 三种常见的领导方式

分配式。领导者以“管人”为重，不惜发挥职权，以单向沟通的方式来发号施令，比较偏重于强制性的领导。对于新进员工或者遇到紧急情况时，领导者可以考虑采用。但倘若经常如此，下属便会愈来愈不动脑筋，领导者愈来愈专制，也愈来愈劳累。

管制式。领导者以“理人”为重，尽量看得起下属。以双向沟通的方式，在尊重下属的前提下，共同协商。但是，领导者仍旧重视控制，不鼓励下属之间横的连接，避免其他同人乱出意见，扰乱工作的进行。在对于工作已经相当熟悉，但整个组织仍未建立共识的时期，领导者可以采用这种管制式。若是长期管制，下属仍然处于被动状态，不敢主动，更谈不上自动自发。

协调式。领导者以“安人”为重，不但重视双向沟通，而且鼓励成员之间的充分沟通，以达到自动自发的境界，多半用在同人已有共识的组织。

安人的重点，在人人自觉，不但要自律，而且要自动。自律是自己把自己的事做好，不需要上级操心，也不会把事情做好就认为自己有贡献而要挟上级，希望升职或加薪，否则就要跳槽或降低工作品质。

自动是把分内工作做好之余，还有关心团队目标的习惯，一方面替上级分忧分劳，一方面为同人提供协助。听起来似乎很难做到这种地步，但是值得领导者自勉，努力向这种层次自我提升。事实上，只有达到这种地步，才是领导者的最大成就。安人一阵子，还会引起不安，所以理人或管人，并不是安人之后就不需要，仍然要随机运用，或者三者同时因人而善用，以求有效。

分配式的领导，主要是领导者分配工作，并且交代要点，要求下属及时回馈，然后领导者再追踪检讨（如图6-2）。

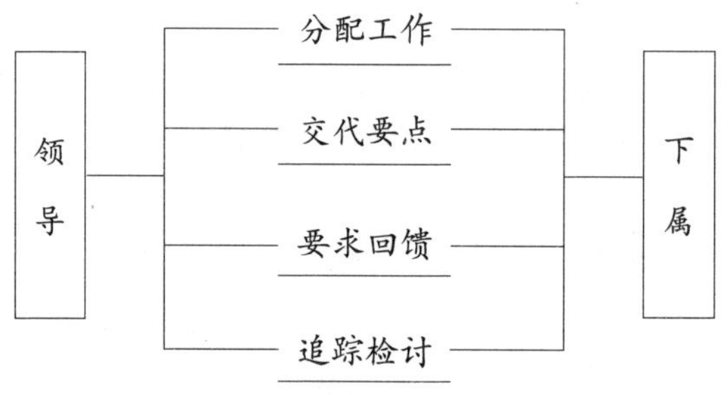

图6-2　分配式领导的要点

领导者遇到新进员工，最好诚恳地告诉他："你的学识、经验都很好，以前的表现我们也很了解。但是这是一个陌生的环境。我暂时不请问你的高见，希望两三个星期以后，你对这个环境比较熟悉，能够提出一些宝贵的意见，我们再一起来研究。"

新进员工胡乱发表意见，经常会带来许多困扰，作为领导应及时预防。把握新进员工初来乍到，比较容易接受辅导的时机，把他的工作，一件一件辅导他做得很好，相信有了良好的开始，以后工作起来自然轻松、愉快。

新进员工刚来的时候很想学，如果不及时加以辅导，以后他就不想学了。如果让他自己摸索一个星期，他可能认为自己很熟悉了。这样错过了分配时期，想要重新来，实在很困难。分配式领导等于职前训练的实战演习，必须适时掌握。

一般来说，领导者有一种错误的观念，认为新进员工刚来，最好不要惊吓他，让他慢慢适应，逐渐加紧要求比较好，结果形成新进员工自生自灭，大多难以适应而辞职，造成很大的浪费。有些领导又刚好相反，打算一下把他降伏下来，所以，新进员工很容易由于领导的下马威而造成以后心理上的隔阂，对双方都相当不利。

新进员工喜欢表现的，常常在摸不清底细的时候，就提出意见，这种人固然是自己找难堪。而那些不喜欢表现的，看清楚真相之后，还是把意见深藏在肚子里面，让好点子胎死腹中，也将是组织的损失。领导如何在适当的时机，以合理的方式，使新进员工提出宝贵的意见，应该是分配式转向管制式的最佳考验。

新进员工，请他多听、多看、少说，以减少乱说的困扰。同时，希望他配合新环境的整体需要，重新学习新环境的作业精神，所以采用分配式领导，以此来塑造合用的人，这也是一种工作辅导，使其能早日熟悉环境，顺利进入状态。

再由管制式领导到协调式转变

管制式的领导，主要要求领导者与下属直接互动，却不鼓励下属与下属之间的互动（如图6-3）。

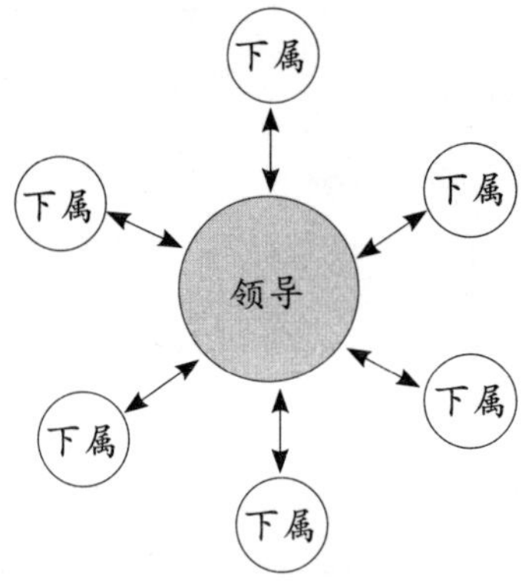

图6-3　管制式的领导

新进员工经过一段时间的辅导，如果对环境和自身的工作已经相当了解，领导者便要适时放手，尽量给予自由思考的机会，凡事先听听他的意见。由分配而管制，从领导的角度来看，是“退”，从“不听取他的意见”退到“先听取他的意见”；从下属的角度来看，则是“进”，由“不听我的意见”进到“先听我的意见”。下属进而领导退，表示省力化逐渐奏效，对领导者相当有利。

分配式只告诉下属“应该怎样做”，管制式却反过来先请问下属“你想怎么做”。不过，由于下属对其他同人仍然不够了解，而其他同人对他也是如此，所以，在管制式领导下，还是不鼓励他和其他同人的沟通。换句话说，偏重在上下沟通，暂时不重视平行沟通。何时由分配而管制，因人而异，必须依实际情况来决定。通常在同一个组织当中，领导者对所领导的人员，不一定采取完全一致的领导方式。这时候下属之间，难免有一些不明了的人，产生不平的感觉，认为领导偏爱某些人，而对另一些人特别苛刻，好像很不公平。

这时候领导者应该以“公正并不一定公平”的道理，做好合理的沟通。让下属明白自己变来变去，以及对不同下属采取不一样方式的原因，即一是“时”的改变，一是“人”的不同。下属如有不服，也不必勉强加以说服，徒然增加反抗的情绪。不妨给予希望，告诉领导自己做一些调整，领导就会配合他的调整，来改变领导方式，以符合他的期望，满足他的需求。

实际做事的人和站在旁边看的人，想法未必一致，这是我们常有的经验。实际工作的人，最了解工作的真实情况，所以我们应该尊重他的意见。刚开始的时候，要加以适当的管制，以防止“当局者迷”。如果发现他的实际体验十分正确，每一次所提的意见都很有帮助，便可以再放手，更退一步，给予更多的自由。于是由管制式转变为协调式（如图6-4）。

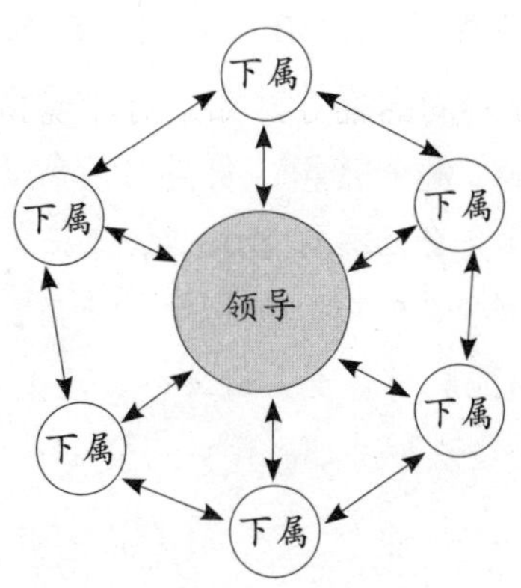

图6-4　协调式的领导

管制式领导只尊重下属的意见，不鼓励他随便提供其他同人的意见或听取别人的意见。协调式除了领导与下属之间的双向沟通外，更进一步鼓励同人之间，彼此多多商量，互相交换经验，互相支援。逐渐开放，才能确保安全。

明智的领导一直在退，一步一步让开，使下属在约法三章之下，自由自在地自动自发。如此，领导才有更多的时间，在自己的上级面前去表现以及从事一些例外性的事宜。

对领导者而言，把工作推给下属，并不是偷懒，更不是欺负下属。领导少做事，才有时间和上级打交道，摸清楚今后的动向，领导自己有前途，下属才可能跟着有希望。领导少做事，才有时间从旁辅助下属，圆满达成任务。领导少做事，才有时间和其他部门协调，对本团队的工作进展必有助益。领导一天到晚埋头忙于分内的工作，对他个人，对他所领导的团队，都不是一件好事。再说，领导把工作分配给下属，表示他大公无私，不想掌握任何机密，不把任何资讯据为己有。下属有机会历练，在工作中成长，同时可以在必要时获得领导的辅导和协助，应该十分幸运才对。只要不过分，多做一些工作，获得更多经验，何乐而不为呢？

新进员工对环境熟悉之后，依然采用分配式领导，就会有埋怨，会产生不安。这时要改用管制式领导，逐渐放松管制的范围，使其愈来愈觉得有自主的自由，以增强其自动自发的兴趣。下属表现出自动自发的热忱，领导者可以约法三章，改用协调式领导，使其在更大的范围内自主，以符合人性化的需求。

紧急时再回到分配式

任何组织或个人，从分配式领导逐渐进入管制式，再逐渐放手，采用协调式，这时领导者仍然自留余地，保有“紧急时再回到分配式”的弹性，以便应急（如图6-5）。

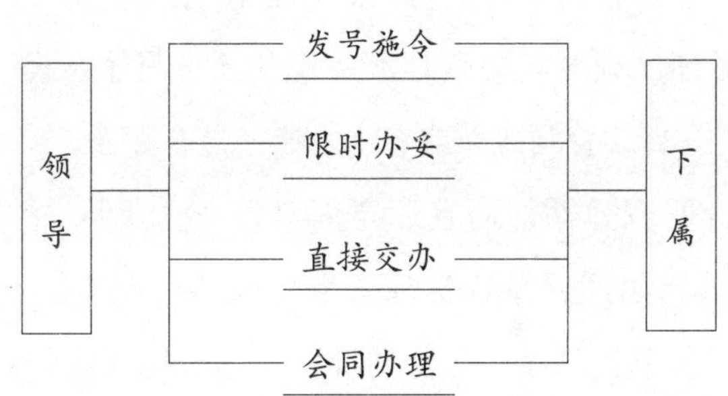

图6-5　紧急时的领导方式

领导者的“两把刷子”，表现在平常有平常的运作，而紧急时也可以有紧急的措施。两者不定期变换，可放也可收。

平常时期，领导逐渐放手让下属去自动自发，一旦发号施令起来，下属心中明白，这是紧急事宜，千万不要再多表示意见，尽量去配合，力求争取时间，快速解决问题。领导平时并不限时办妥，紧急时才能够提出时限，而下属也乐于接受。领导平时会听取下属的意见，紧急时不同意见直接交办，下属才能体谅。领导平时放手，紧急时带着下属一起去办理有关事宜，下属也才会全力配合，而毫无怨言。紧急关头，以分配式来应急，快速有效。

领导者如果只有“一把刷子”，也就是平时和紧急时采用同样的领导方式，不论是分配式、管制式还是协调式，都会失去应变的弹性。对领导者来说，固然十分不利；对被领导者而言，表面上看起来，好像比较稳定，也比较容易了解、摸索出应对的方式，但久而久之，自己也丧失了权宜应变的能力，非常吃亏。特别是年轻人，追随这种只有“一把刷子”的领导，养成呆板的反应模式，将来自己当上领导，同样不会变化，又带出更多呆板的下属，岂非祸害更大？领导有“两把刷子”，自己拥有弹性，下属接受不同的刺激，产生不一样的反应，同样养成权宜应变的习惯，对组织的灵活性和应变力有很大的助益。平日重培育人才，紧急时重随机应变，各有不同重点。

从分配式领导到管制式再到协调式，紧急时又回到分配式，彼此构成领导方式的循环。领导者必须时常调整自己的领导方式，不能固定下来，认为“我就是喜欢管制式”或者“协调式最有效”。

领导者本身要有弹性，而且还要面对每一个不同的下属，采取不同的领导方式。例如，领导者带领五个下属，可能有三个人停留在管制阶段，而另外两个人已经到达协调阶段。这时候又增加一个新人，那么，这个新进员工只好从分配阶段开始。同一组织，三种不同的领导方式同时在运作，才是正常、合理。领导方式，要因人而异。但是同一个人，又要因情境而异。先来后到是一种变数；有的人学得快，有些人学得慢，是第二种变数；各人的经验以及心理上的愿望不同，又是一种变数，必须综合考虑，才能决定采用哪一种方式。灵活变换，构成循环系统，则是一致的（如图6-6）。

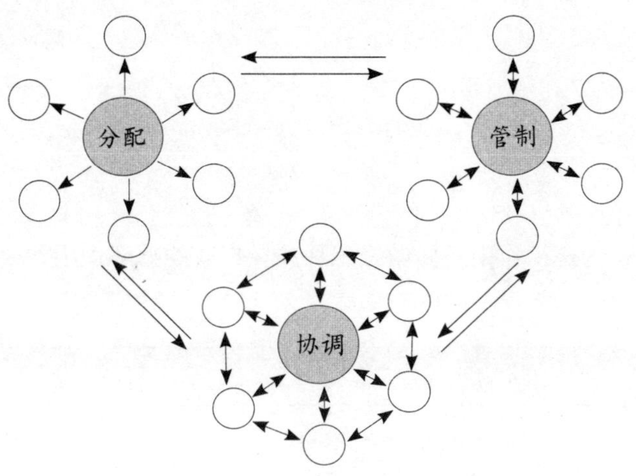

图6-6　三种领导方式的交互运用

领导者调整领导方式的时候，最要紧的依据，必须以“应该怎样就怎样”来代替“喜欢怎样就怎样”。

换句话说，必须以理智来判断，千万不能够以情绪来反应。然而，人毕竟是有情感的动物，难免以情感影响理智，误认为所喜欢的，就是应该的选择。因此，领导者的自我检讨，成为非常重要的事情。每经过一段时间，就应该针对每一位下属，做一番检讨：这样对待他，合理吗？有没有什么需要调整的地方？我们看到领导者不停地约见他所领导的人时，或者利用下属有事情找他时，都会趁机说一些鼓励性、抱歉性或者摆平性的话，用意即在把自己检讨所获得的想法，个别地有所传达或补救，务求稳定各人的情绪，增强团队的凝聚力。

为求安全、有效起见，领导者最好保留紧急处置的弹性，养成下属的警觉性，让其明白领导的紧急措施，能够同样自动自发地配合，以争取时效。有缓有急，能进能退，才是三种领导方式循环的真谛。

思 考

1．你认为在工作中怎样做好三种领导方式的循环运用？

2．根据你的观察，说说实际工作中的领导情况如何？

3．根据你自身的体会，想想应该怎样领导才比较人性化？

第七章　领导也需要一些配套

有效的领导，圆通不圆通，
还要看沟通、激励、服务做得好不好。

圆满的沟通、合理的激励，加上有效的服务，
构成圆通领导的配套，三者合一，缺一不可。

无形的运作，要配合有形的活动，
分别表现在计划、执行和评审这三个项目上。

计划必须未雨绸缪，所以预测力很重要；
执行应该权宜应变到合理的程度，合乎中道。

评审时有公正的态度，却未必公平。
采取综合性的考量，似乎比较容易被接受。

这三种活动项目，都需要沟通、激励和服务。
领导要以无私的爱与真诚的关怀，力求圆通。

圆满的沟通

领导需要沟通，实际上却往往沟而不通。领导者说了老半天，被领导者根本听不进去，或者只听其中对自己有利的部分而加以扭曲。必须设法沟而能通，以求达到沟通的圆满而有效（如图7-1）。

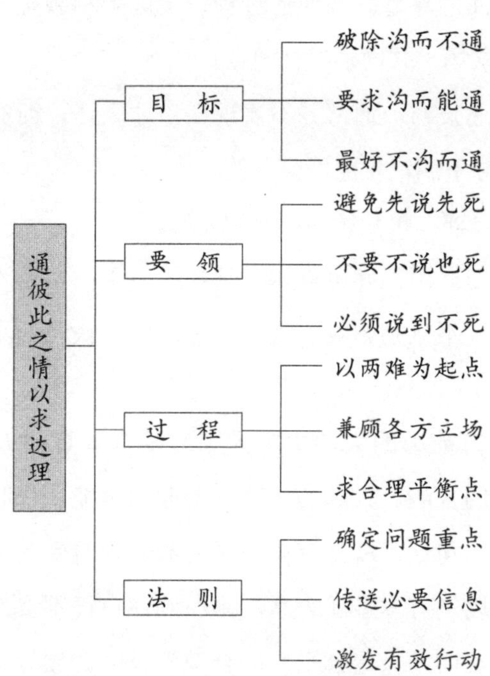

图7-1 沟通是重要的领导配套

沟通时，必须依据以下三个原则：

首先，领导要求下属做某一项合理有益的工作，必须明确说明其目标、内容、步骤，并且说明一定要如此的原因。下属如有疏忽，除非有正当理由而且及早回应，以便共商变更的方式，否则决不原谅或放过。

其次，领导要以无私的爱和真诚的关怀，常常与下属商议相关问题，并且虚心、真心听取下属的意见。如有不对的地方，也要委婉说明，不要动辄怒责。若是暂时无法接受下属的良好意见，也应该说明原委，或者给予时间表，告以大约什么时候就可以付诸实施。

再次，领导对下属，应该给予同样真诚的爱与关怀，不能够心存偏见或成见，尤其不可以明显地有差别对待。心里头有亲疏之别，只能暗示，不可以明说。

在进行沟通时，领导最好多提问题，让下属给答案，以防先说先死或不说也死，等待底细弄清楚了，先做宣示，大多能够说到不死，同时这也表示了对下属的尊重。沟通的过程，实际上和领导一样，以两难为起点，兼顾各方立场，共同求得合理点。

领导者的沟通技巧，通常并不表现在口才表达，而在于真心关怀，平日多照顾、教导下属，才能用得有效。

激励和沟通一样，也是领导必要的配套。

激励像一把刀，用得好可以增强领导的效果；用得不好，照样能够降低领导的功效。不激励影响士气，实施激励很快引起不平的感觉，同样影响士气。

西方人激励有能力的人，中国人则激励有本事的人。本事包括合理的态度、自主的觉醒、人际的技巧、专业的技能、自我的定位以及合作的心理，总归一句话，就是有能力又能够表现得受到大家的欢迎，很不容易。领导者以“有本事就来拿，拿不到怪自己不要怨别人”的激励标准，做到“公正而不一定公平”的合理不公平。领导者对待下属，固然应该一视同仁。但是长久一视同仁，势必引发好人、坏人不会分的疑虑，必须由一视同仁开始，然后逐渐分出亲疏，只要公正，并不一定公平。这种合理的不公平，符合激励的法则。

激励应该有不可变的经，譬如不可任意树立先例，以免无以为继而悔不当初；不可采用运动方式，不管是领导者希望显示实力，或者心求速成，运动迟早成为形式，不能持久有效；不可趁机大张旗鼓，徒然形成无谓的“激励秀”，不能引起大家的真心重视；不可显得偷偷摸摸，让人觉得鬼鬼祟祟而怀疑其正当性；不可偏离团队目标，以免造成不良风气；不可忽略有效沟通，务求通彼此之情而达圆满，以免产生不良效应。

当然，激励也应该依需要而变、随层级而变、顺时间而变、因场合而变、看反应而变、视情势而变，也就是有所变有所不变，才是有效的激励（如图7-2）。

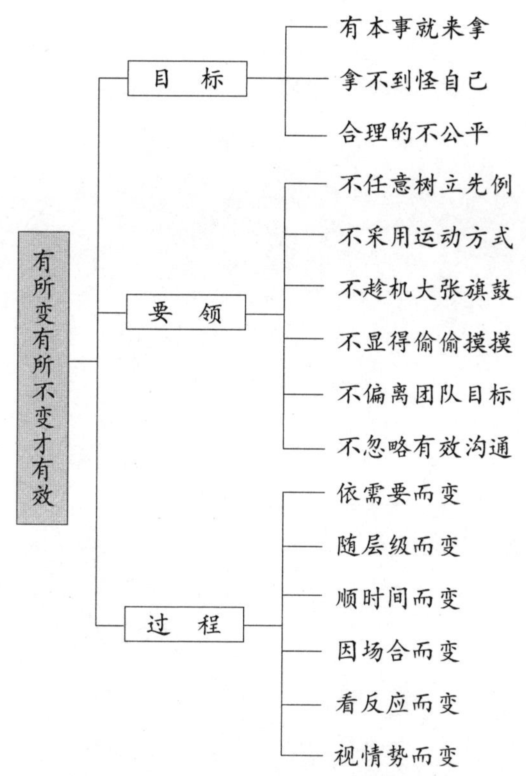

图7-2　合理的激励也很重要

圆满的沟通，主要在通彼此之情，做到通情达理。身为领导者，最好依据“老师出问题，学生做答案”的原则，采取“领导出问题，下属自己去找答案”的方式，以避免掉入先说先死或不说也死的陷阱，走到说到不死的佳境。

激励必须有所变有所不变，力求合理才有效。否则有人欢喜有人不平，收不到激励的效果。

“让我来服务”

“让我来服务”远比“让我来领导”动听得多，因为一般人喜欢接受服务，并不盼望被领导（如图7-3）。

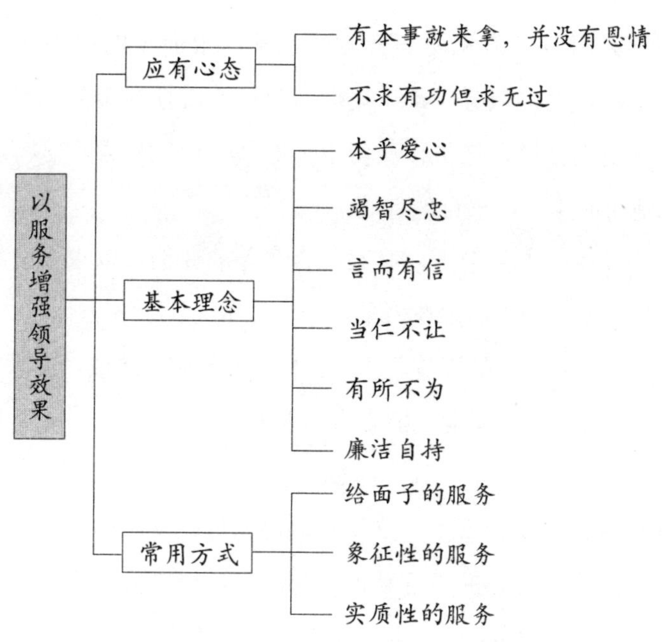

图7-3 有效的服务也是领导的配套

领导者最好认清：服务只是尽自己的责任，并非对下属施恩。就算有一些人情，也不应该讨人情，因为人情不讨，人情永远存在；人情一讨，便连本带利都讨回来，等于白做人情。说不定两相对抵，领导者反而欠下属一份人情，岂不冤枉？同时，服务的时候，最好明白“功没、过存”的道理，大家只记得过失，不容易认定功劳，所以不求有功，不应该老想着自己的服务对下属有好处，反而应该但求无过，小心不要使自己的服务带给下属麻烦，甚至于增加下属的苦难，那才是要紧的。

服务的基本理念，包括凭良心来发挥爱心，不宜过度而无节，反而爱之适足以害之，养成下属很多坏习惯。竭智尽忠，把服务做好，成为下属的表率，不做则已，一做就应该如此。言而有信，务求说得到和做出来的都十分合理。当仁不让，应该由领导者做的事情，绝不推让。有所不为，不争取不合理的利益。廉洁自持，不假借服务之名，行贪污舞弊之实，大家才能心服。

对领导者而言，常见的服务方式包括：给面子的服务，表示对下属的尊重；象征性的服务，给下属做示范；实质性的服务，目的在辅导下属，使其更为精进，把工作做得更加圆满。这三种方式，可以相互使用，一切适可而止，以求合理有效。

领导要发挥安人的潜力，必须配合妥善的计划，以求未雨绸缪，因为计划是肯定如何安人的主要力量。

对领导而言，理想能不能落实、目标能不能圆满达成，实际上都有赖于计划是不是妥善，大家能不能心服。未来领导路径，必须及早做出全盘性的决定，才能够掌握时间，有效地带领下属，走上正道。

计划必须居于今后三年、五年、十年所可能发生的变化，来做比较切合实际而又具体可行的“行动前的思虑”，以“安人”为目标，来预测利害得失。把事与人合在一起，做整体性的评估。

预测的目的，在防患于未然。未来会变化，在尚未露出端倪之前，不容易引起大家的注意。高瞻远瞩的领导者，必须指出研究的方向，以便把握良好的时机，建立有效的行动方案，在安人中达成预期的目标。

计划的要领，首先要虚心接受相关人员的意见，以便集思广益。决定之前，要和相关部门商议，以争取支持。选择适当的时机宣布，还要找合适的人来参与。如果有人提出异议，也应该欣然接受调整。主持计划的人，愈能够不居功，不认为自己很有功力，愈能够获得大家的认同。只要内容合适，具体可行，大多能够心悦诚服（如图7-4）。

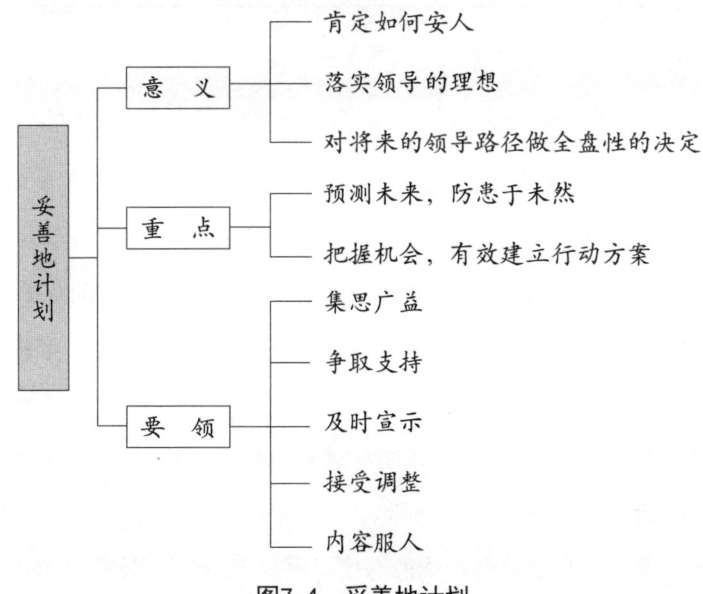

图7-4　妥善地计划

领导者一方面感谢策划者的辛劳，一方面也要感谢相关人员的指教与支持。由哪一层级的领导者来宣示计划，往往是成败的关键。领导者必须仔细考虑，以免遭受攻击或批评，弄得自己下不了台。

用合适的服务来提高领导的效果，最好能够以服务代替领导。

对领导者来说，理想的落实、目标的达成，都有赖于妥善地计划。领导者最好配合沟通、激励、服务等活动，通过计划、执行、评审等程序，来增强领导的效果。

考评要公正

领导者最好明白：计划制订之后，势必又有很多变数产生，不能不及时加以调整。就算计划时已经十分用心，将来可能产生的变数也要考虑在内。由于计划者和执行者在心态上、认知上很难一致，容易造成不能不调整的困境。只要执行者站在落实计划的立场，抱着不变更的心态来做合理的调整，目的在缩短计划与执行的落差，力求预期的效果能够完全实现，调整应属必要。

边做边调整，必须具有正确的态度，譬如充分尊重既定的计划，尽量按照原定计划去执行，非有必要不予调整。执行者不可以为求争功诿过，故意变更原计划，以免引起计划者的不满。因此任何调整，都应该与计划者多多沟通，能不变更即不变更，必须调整时才加以调整。通过计划者的互动，明辨计划中有哪些不能改变的部分，然后调整那些可以改变的部分，来增进这些不能改变部分的功效。如果没有十分的把握，最好采取渐进的方式，先试行再决定，以策安全。执行者应该具有高度的执行热诚，而不是盲目按照原定计划而毫不用心。任何因合理调整而获得的成果，都应该与计划者分享，双方才能够合作无间，共同为具体落实计划而努力。

调整计划，应该视同权宜应变的措施，一切以合乎中道为宜，也就是合理就好。至于合不合理，很容易从执行的结果来评定。所以，执行的人必须深思熟虑，对调整的后果负起全部的责任。有功劳应该和大家分享，万一有过失，就应该由自己承担。具有这样的认知和态度，才称得上有热诚的执行者，对领导者最有助益（如图7-5）。

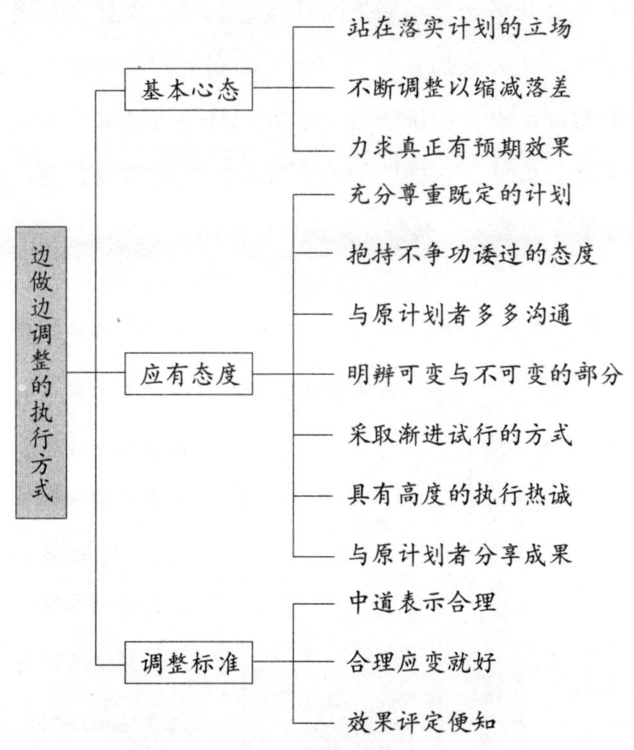

图7-5　合理应变的执行

领导者如果没有圆满的概念，就会落入“做对就好”的陷阱，导致大家“只求做对，不求圆满”而“但求自我表现，不顾虑他人面子”。弄得组织成员难以和谐，不得安宁，失去了安人的作用，也降低了领导的效果。唯有领导者重视在圆满中分是非，采取公正的综合评审，才能够在竞争中维持伦理，在互助中求取进步。

在圆满中分是非，最有效的方式，是各人自我检讨，但实施起来十分困难。即使知道自己犯错，也不愿意坦白说出来。彼此检讨，又碍于面子，很容易造成恼羞成怒的不良结果。因此对人含含糊糊，对事清清楚楚，形成“对事不对人”，却又常常由于事在人为，人与事分不开而弄得大家很不愉快。一切摊开来，有话直说，效果也不好。

我们长期观察，发现含含糊糊地检讨，其实并不妨碍清清楚楚地评审。大家在公开场合，不妨把责任推给制度，说什么制度如不改变，实在无可奈何，让大家都有面子。然后私底下和犯错的人沟通，希望其一方面记取教训，不再犯第二次，一方面赶快设法妥善补救，使过失所带来的损害降到最低。这样明的含含糊糊，暗的清清楚楚，比较容易收到圆满中分是非的效果，其要点如图7-6所示：

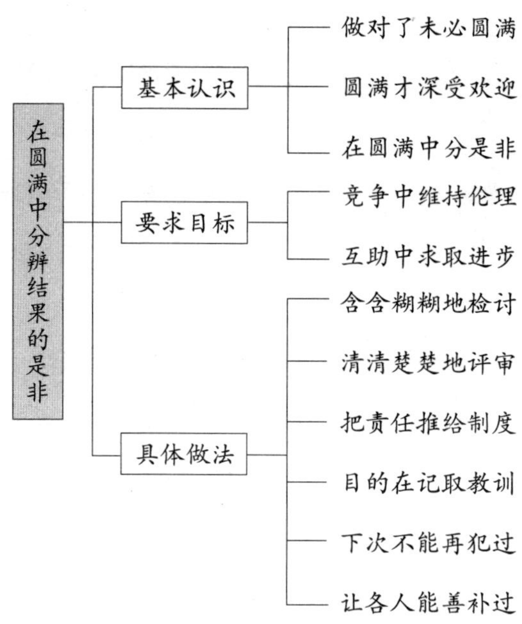

图7-6　公正地综合考评

领导者最好运用考核来救人，而不是利用考核来杀人或整人。事先让下属知道怎样做才合乎要求，并且用心辅助下属把工作做好，能够确保成果，让下属安全获得良好成果，得到优良评核，这样的领导者，才是大家心目中尊敬的领导者。设下若干陷阱，事先不制定标准，甚至诱导下属犯错，然后趁机下手逼害的领导者，当然令人怀恨。

未雨绸缪的计划，主要在落实领导者所提出的构想。如能防患于未然，必能建立有效的行动方案。边做边调整的执行方式应该充分尊重既定的计划，抱持不争功诿过的态度。在大家都有面子的情况下做好公正的评审，是一种高难度的考核。领导者自己要坚定信心，把这些相关的配套做好，才有可能提高领导的水准。

思考

1. 日常生活中，你是如何与人沟通的？能否达到圆满？

2. 为什么说领导需要有效的服务？

3. 根据你的经验，你认为应该怎么做才能在圆满中分辨结果的是非？

第八章　领导的经

中国人最擅长持经达权的运作，
所以能够以不变应万变而立于不败之地。

“经”是共识，乃是不易的原则，
“权”就是应变，叫作权宜的措施。

持经达权，即有原则地应变，
领导者不可不变，也不可乱变。

领导的经，是领导者应有的共识，
这些原则是所有领导者都不能够任意违背的。

班底、知人善任和珍惜下属，
是领导者最基本的经，必须好好秉持。

合理隐恶扬善，容许无心犯错，
用心珍惜下属，也是不变的原则。

建立公的班底

有人喜欢批评中国人的组织中大圈圈里有小圈圈，其实这并没有错。小圈圈就叫作“班底”，听起来相当可怕。如果用英文写成Management Team，好像很适合，一点儿也不恐怖。每一位领导者的管理幅度都相当有限，必须组成“心腹知己”的领导团队，才能够照顾得过来，说起来也是理所当然，并没有什么值得大惊小怪的地方。

班底有公的也有私的。私的班底依领导的喜好，选择具有“同”字性质的，例如同宗、同乡、同学、过去的老同事等，实在令人厌恶。有时也可能把领导自己拖下水，弄得灰头土脸，所以应该绝对避免。

公的班底，则是经由工作表现来建立的。领导大公无私，头脑中根本没有“同”或“不同”的观念，只知道谁工作表现最好、人际关系最好，谁便是班底。这种公的班底，可以成为领导和下属之间沟通的桥梁。中国人有一些话不方便当面说；也有一些话，当面说反而无效，都可以通过班底来达到圆满沟通，实在有很大助益（如图8-1）。

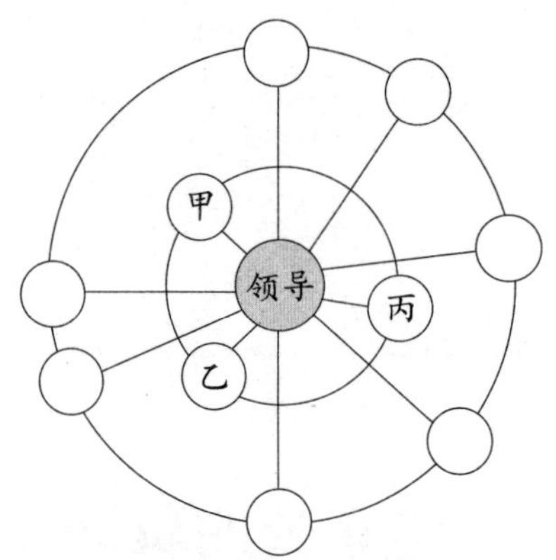

图8-1　公的班底

领导者可以把“同”和“不同”合起来想，不必分开来看，管他同或不同，脑海里根本没有这种概念。只是彼此的合作，完全基于公益（团队的利益）的需要，相互之间的互助，完全是为了组织的目标。凡是贡献较大、配合度较强、主动性较高而且创造性较好的下属，经由逐步考验，一层层由外向内拉近，构成坚强可靠的班底。领导者对班底特别照顾，同时要求也特别严格。凡事要多依靠班底，当然应该特别费心。

既然要建立公的班底，必须善于知人。知人不明，建立不可靠的班底，形成小人包围圈，必然使大家心灰意冷而士气低落。俗话说：“不识字不要紧，不识人最可悲。”知人的方法很多，如图8-2所示：

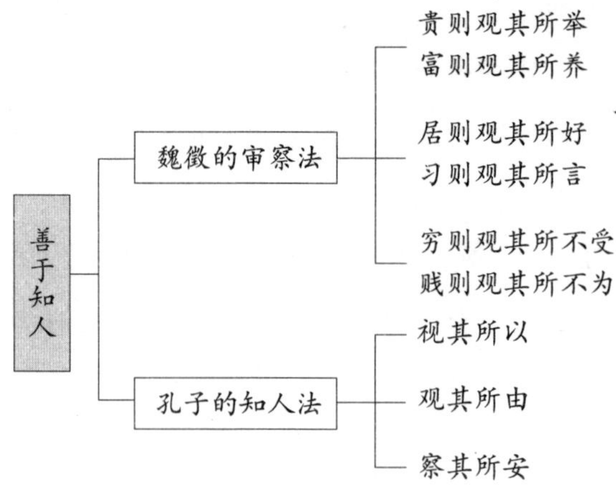

图8-2　知人的方法

唐代名臣魏徵的审察法，包括六个方面：贵则观其所举，富则观其所养，居则观其所好，习则观其所言，穷则观其所不受，贱则观其所不为。

魏徵认为，在不同的环境中，观察人的所作所为，是知人的最好时机。这样多方面观察，不可偏颇。

孔子主张“视其所以”，从动机来看人的言行是否端正；“观其所由”，从结果来看人的言行是否正当；“察其所安”，从习惯来看人的言行是否自然。

知人不可仅凭经验，必须多加学习、印证，才能增进研判的实力。阅世愈深，经验愈丰富；学识愈深，判断愈正确。这样，知人就愈明。领导之先，必须知己知彼。

领导者用人之先，怎样去认识人才？认识之后，怎样使人才愿意为我所用？然后才谈得上用得其所，使人才获得善用。同时，还要拉近距离，使其敢于发挥潜力。

想要达到圆通的领导，必须建立公的班底。公的班底是经由工作表现来建立的，所以要对下属有所了解。了解下属就是知人，而知人的目的是为了善任，最终圆满完成任务。

知人善任

知人的目的，在善任。领导了解下属，是知人；领导如何让下属充分发挥长处，是善任。

善任的意思，是相信他，委任适当的职务，让他去尽力。领导信任下属，不可以从“零”开始，也就是不可“先不信任他，等他有良好的表现，才来信任他”。领导应该从“小信”开始，由小信而大信，经由考验中来逐渐增加对下属的信任度。由零开始，等于宣判下属的死刑，表示完全不信任他。既然如此，何必用他呢？无论如何，由小信开始，让下属有被信任的感觉，十分重要。

开始时，对下属应该一视同仁，给予同等的信任；然后这种信任有些增加得慢，有些增加得快，基于实际表现的不同，逐渐拉出距离，这是自然的工作表现与人际关系，而不是人为的主观感情。

职务方面，也是从实际表现中来赋予相当的信任，以便适时调整对下属的领导方式。我们常说“疑人不用，用人不疑”，初听起来好像是对每一位下属都应该如此。这种想法，基本上是正确的，符合上述由小信开始的基本原则。但是，仔细分析起来，仍然有程度上的差异。领导者对每一位下属有不同的信任度，说起来这也是下属自己所建立起来的，必须由自己来承担后果。从这个角度来看，领导者的态度，可以说十分公正。对甲信任得多一点儿，对乙信任得少一点儿，应该是合理的不公平，乙不能抱怨，甲也不必感恩。一切自作自受，各人获得自己所应该得到的信任度。领导者在考验下属时，必须秉持公正的态度，下属才会心服（如图8-3）。

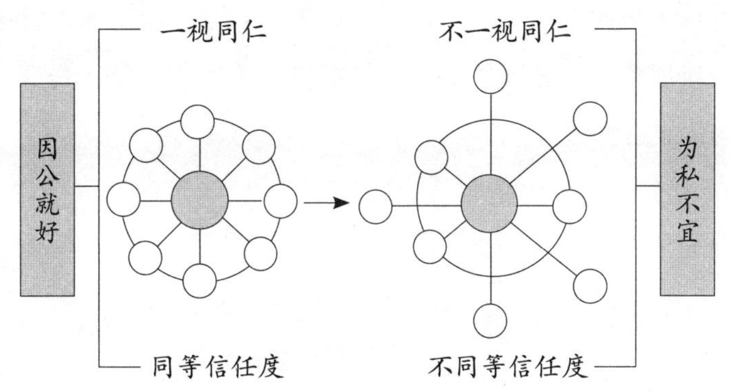

图8-3　由考验中善任

有些领导者喜欢把下属的缺失放在眼里，而把下属的优点藏在肚子里。这样的领导者势必难逃无人可用的噩运。因为人非圣贤，谁都有缺点。随时随地发现下属的缺点，这个不行，那个也不行，常常觉得自己很不幸，没有用得上的可靠的下属，这和领导者的习性看起来也有相当密切的关系。

我认为，领导者最好把下属的长处放在眼里，把下属的缺失放在肚子里。只要预防得当，不让他有机会表现缺失；只要辅导有方，让他有机会施展长才，领导者的领导便可达到圆通的境界。

举例来说，甲能力高强，办事热心，思虑周到，可惜手脚不干净，钱财方面相当不可靠。请问这样的下属，能不能用？不用，浪费了一位有用之才；用，经常提心吊胆，也很可能造成祸害。这种两难，最好用兼顾的方式，把用与不用合起来想，也就是用其所长而防止其所短。换句话说，只要不让他有机会经手金钱，当然可以让他一展长才。对于他的长处，尽量加以鼓励，使其得以如愿以偿，获得表现的机会；对于他的短处，其实用不着大张旗鼓，广为宣扬，使其抬不起头来，等于毁掉一位人才。扬善隐恶，对甲而言，殊有必要。

扬善隐恶，并不是忘记他的缺失，而是伺机预防，防患于未然。但是，在防弊之外，尚须重视兴利，要提供合适的机会，让下属的长处有显著的表现。这便是人尽其才，人人能够尽其才，即是人人可用。私底下劝下属改掉缺失，公开的场合，尽量赞扬下属的长处，是合乎人性的领导原则（如图8-4）。

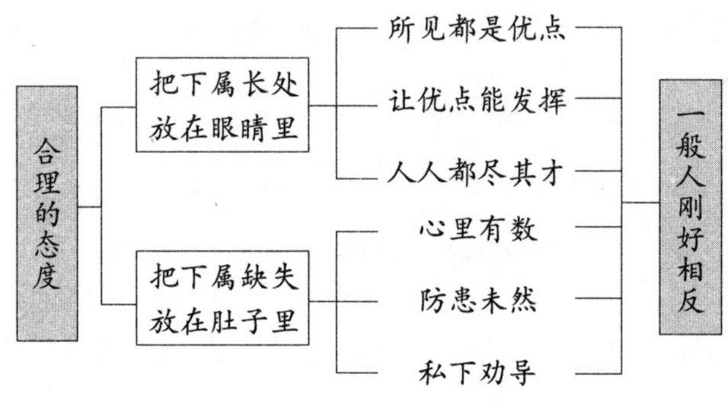

图8-4　合理扬善隐恶

知人而不能善任，等于不知。善任的时候，要经由实际的考验。重视下属的长处，提供合适的机会让他充分去发挥，以达人尽其才的地步。对于下属的缺失也要记在肚子里，防患于未然，使其没有机会表现，这才是领导扬善隐恶的最佳措施。

容许无心之过

“多做多错，少做少错，不做不错”，这是大家都知道的道理，如果勉强规定大家要把这种观念改过来，变成什么“多做不错，不做大错”，恐怕是言者谆谆，听者藐藐吧。骂了那么多年还不见得有效果，似乎应该改变一下心态，把它当作真实的描述，然后再做适当的调整，可能更有效。所以，改变思考的方向，有时候十分必要。

合乎人性的圆通领导，是承认本来多做就可能多错。为了鼓励大家敢于多做，领导者必须具有容许下属无心犯错的雅量。一做错就要惩罚，谁敢多做？

人不可能不错，只要是无心的，不是故意的，领导就不必责骂他，反而要安慰他，让他把痛苦的经历说出来，使其他的人同样得到教训。初犯不罚，才可鼓励大家敢做、多做。违法的事，不可能无心，所以只要不违法、不舞弊，尽量从宽解释为无心的过失，不予责罚，使大家安心去做，因为就算犯错，也会得到合理的宽谅（如图8-5）。

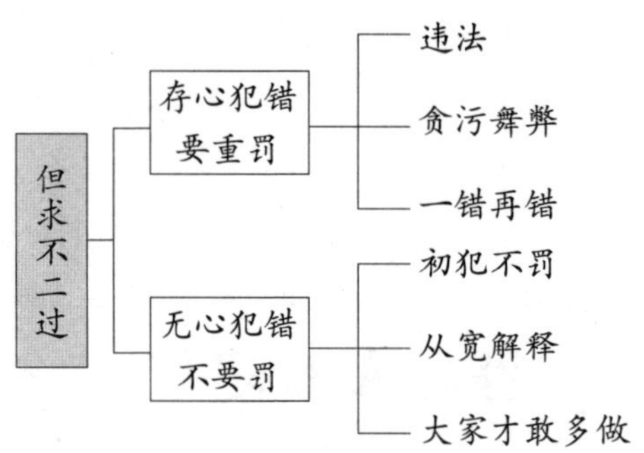

图8-5　容许无心犯错

领导者最好承认人非圣贤孰能无过的事实。即使自己身为领导，十分谨慎，有时候也难免犯错，何况下属在技能、经验等方面都尚待充实和磨炼，哪里能够苛求不犯错误？平日固然要勤教下属，把自己的实际经验和下属分享；对于下属的遵守法纪，当然应该以身作则。在这种情况下，下属还是免不了会犯错。孔子当年倡导“不二过”，大概也是为了避免大家心存多做多错而不愿意多做尝试，以致故步自封而不能长进，这才想出初犯不罚的构想，希望大家在法令许可的范围内，多多尝试，放胆去做，以期获得良好的创新。

大部分下属不喜欢领导的原因，在“只注重工作而不关心下属”，好像下属是机器而不是人似的，令人觉得受利用而不受尊重，这是十分令人痛心的事情。

领导的职责，是保证目标达成，把工作做好，因而注重工作的进度和品质是理所当然的事。但是，下属的心理反应，也值得领导重视。因为领导不关心、不珍惜下属，便不可能获得下属的向心和信心，也就不可能做到圆通的领导。控制得住下属的人，却掌握不住下属的心，总有一天，领导会尝到众叛亲离的悲苦滋味。

珍惜下属，必须兼顾并重以下六个方面，才能够逐渐增强下属的向心，坚定他们的信心（如图8-6）。

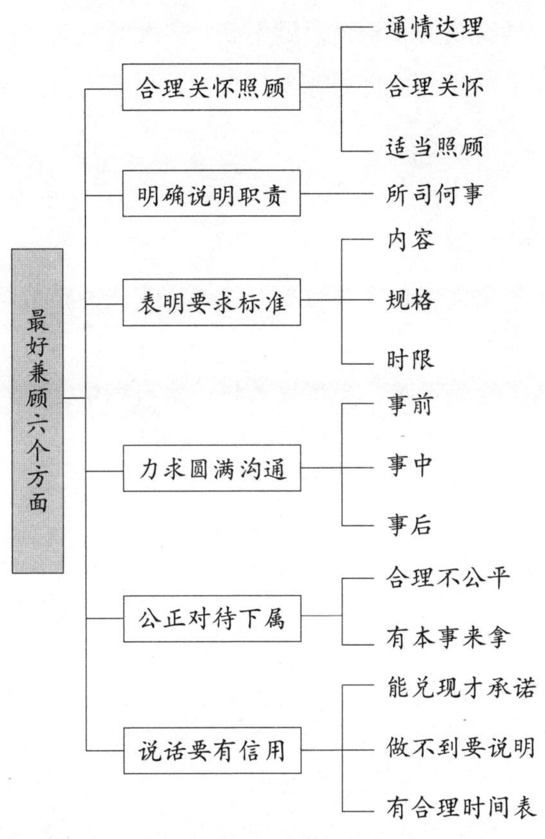

图8-6　用心珍惜下属

给予合理的关怀和必要的照顾。让下属明白领导并非不通情达理的剥削者，下属如有什么要求，不妨向领导表明，大家好商量。

尽量明确地说明职务和责任的范围，使下属知所着力，在分内先好好表现，再谈替领导分忧分劳。

尽量明确地表明对下属的期望，把要求的内容、规格和时限说清楚，使下属知所遵循而自我要求。

力求事前、事中、事后都能够圆满沟通，使下属愈来愈了解领导的意旨和用意，以便进一步密切配合。

公正对待下属，力求合理的不公平，而不是不合理的公平。下属有本事就来拿，拿不到怪自己。

言必有信，做得到的才承诺，做不到的要及时说明，以免被下属视为应付了事。需要一段时间以后才做得到的，也要提出时间表，让下属有信心。

领导者要容许下属的无心之过，养成不犯第二次错误的风气。

领导珍惜下属，合理地关怀，言而有信，万一做不到，也要适时说明，才能增强下属的信心。

思考

1. 你认为是建立公的班底好，还是建立私的班底好？

2. 为什么要由考验中善任？

3. 工作中，你怎样处理下属的无心之过？

第九章　领导的权

权就是变通，叫作权宜应变，
领导的原则不变，方法却应该随机应变。

从领导中心到下属中心，
领导者有多种形态可以选择运用。

宽容或禁止要有比较明确的界限，
用“安”做标准，安则宽容，不安就禁止。

时位要配合，刚柔要互补，
说话与沉默，也应该适当调节。

领导因时、因地、因人而制宜，
才能发挥有效而圆通的领导力。

有经也有权，有原则地随机应变，
成为所有领导者必须具备的本事。

原则不变方法要变

领导的“经”不可忽略，但是运用起来，应该因应实际的情境而有所变化，以求制宜。实际的领导，是变动，亦即动态的。

领导看到的，是自己的“经”，常常觉得自己很有原则。下属所看到的，则是领导的“权”，所以总觉得领导根本没有原则（如图9-1）。

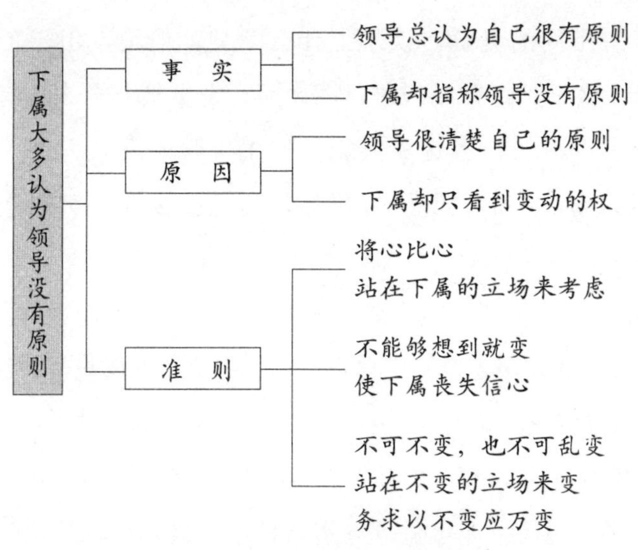

图9-1 下属看不见领导的经

这种现象在中国常见，必须说清楚，才不致产生不必要的误解。我们常说“内方外圆”，“内方”便是自己的“经”，只有自己最清楚，别人根本看不见。“外圆”则是自己所表现出来的态度或行为，大家都看得见，有时反而自己不清楚。

领导变来变去，下属就会不知所措。我们一方面要互相体谅，因为变是必要的，也是正常的；另一方面更应该将心比心，尽量不要乱变，要变得合理，下属才会知所遵循。

上下互动，大家都发挥无比的弹性，应变力最强。但是，一定要建立默契，否则会严重脱节。中国人常说：“人是旧的好。”彼此心意相通，变起来恰到好处，效果最佳。

什么叫作默契？就是彼此心意相通，具有共同的看法，不用多说也能暗合的神妙。如果什么事情都要明白地说出来，甚至一再重复解说，那就是缺乏默契。有时甲说东的时候，乙所想的却是西，那也是没有默契。

一般而言，领导和下属之间，刚开始难免有不同的看法，各有所思，也各有不同的见解，谈不上什么默契。但是，由于工作上的配合，不断交换意见，常在一段时间之后，发觉彼此愈来愈有默契。凡事不必多说，很快地就达成共识，产生极强的凝聚力。人为什么是旧的好？因为旧人的默契比较可靠，而且什么地方可能产生歧见，也容易掌握。

领导的两极，一为领导中心，权力集中，一切独断独行；一为下属中心，允许下属在限定范围内自由发挥，亦即让下属充分持经达权，依照目标去权宜应变。

两极领导各有利弊。然而在两极之间，还有许多变化。由领导中心趋向下属中心，依序可见领导用软性手段推销自己的决策，骨子里依旧是硬的。领导提方案，欢迎质询，在一问一答中坚持自己的观点。领导提出有待调整的初步构想，比较宽容地让下属参与，相当给予尊重。领导不提意见，却提出问题，征求下属多方建议，集思广益，集体做决策，已经很民主。两极之间所造成的领导行为连续区，如图9-2所示：

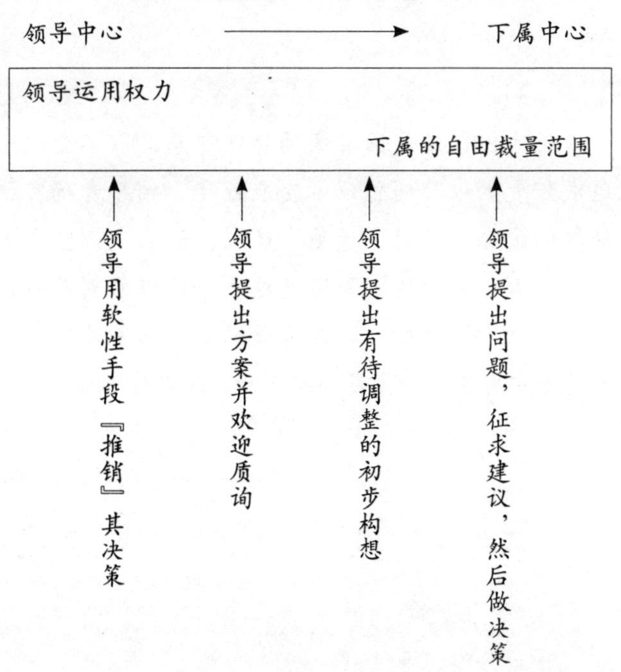

图9-2　领导行为的连续区

领导必须合理地坚持原则，不过应该逐步养成下属独立自主的能力与习惯，最好由领导中心朝向下属中心，依情境做适当的变动，以求最为圆通的效果。

这种领导行为的连续区，实际上的运作，可以配合前面所说的三种领导方式来进行。分配式相当于领导中心，而协调式则显然属于下属中心。管制式可以再行细分，出现领导独断独行和下属自己持经达权之间的各种领导行为。可见领导者必须了解下属的状况，及时做出合理的领导，而不是自己喜欢怎样领导就采用什么样的领导方式。换句话说，应该怎样就怎样，并不是喜欢怎样就可以怎样。人才既然为领导者所用，如何使人才发挥所长，以创造有益的功效，对于这一点，领导者责无旁贷。

领导者通过教导、训练、惩戒、奖赏等方式，促使下属自求上进，与领导配合，逐步向下属中心迈进，才是上策。

持经达权，是我国最高的管理智慧，以不变的经来达成万变的权，叫作以不变应万变。领导者确实把握经权的配合，适时、适地、适人、适法地调整自己的领导方式，才能达到圆通的地步。依据原则来随机应变，变化中有持续，才是有效的变，而不是乱变。同时持续中有变化，才是日新又新，不是守旧不变。

把握宽容与禁止

宽容，指以宽容的心胸来加以包容。领导对下属的言行，要适度地宽容，否则即应该予以禁止。

宽容与禁止的界限，事实上因人而异，无法求其一致。但是，必须以“安人”为标准：不影响大家的“安”，尽量给予宽容；影响到大家的“安”，亦即带来不安，立刻要明确禁止，以免造成祸害。

有能力、表现得好，就会不知不觉地耍起大牌，不论领导还是下属，都可能出现这种特权倾向。我们究竟要宽容到什么地步？最好先把“安”的标准设定出来，达成共识，使大家心里有数，不要过分，才不会引起众怒。

禁止的言行，要事先有所沟通；禁止的行动，应该适时、适法，千万不要闹成意气之争。当然，标准也可以因时、因地而变动，但至少要交代得过去（如图9-3）。

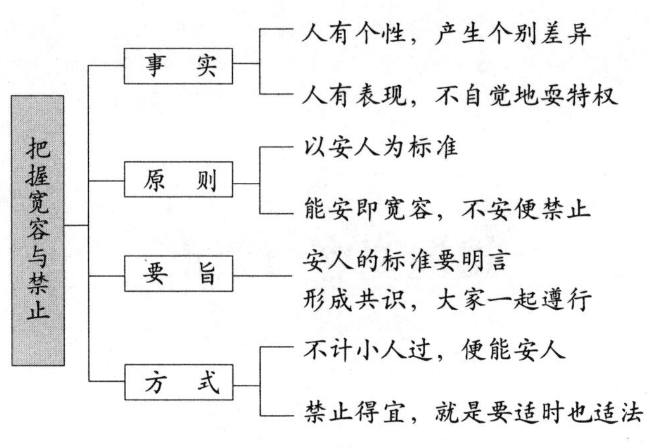

图9-3　把握宽容与禁止

诸葛亮倡导法治，是不争的事实。但是他经常不计小过，让犯错的人获得翻然悔悟、改过从善的机会。他并不是忽视刑罚的功能，而是适度的宽容。当然，这种宽容是有限度的，超越限度的人，无论如何要接受法律的制裁。领导者最好明白刑罚是不得已的手段，绝对不能流于残酷，令人断然求去，有人才也不能用。

使用刑罚，必须以仁爱为出发点，使被处罚的下属，不认为领导者处置不公，却能够自己承认罪有应得，才算是贤明的领导者。曾国藩是著名的儒将，对待下属有如慈母一样的爱护，但是最反对宽容溺爱，因此主张严格管教，以免败坏人才，也败坏事业。可见，宽容固然是必要的，而严管也是应该的。如何寻找平衡点，全凭个人的智慧了。

中国人很重视时位的配合，时即各方面配合起来的时机，位即各方面配合起来的关系。领导的时候，看时机而变动，看关系而调整。领导离不开时间和空间的配合，离开时空，谈不上领导，也看不出好坏（如图9-4）。

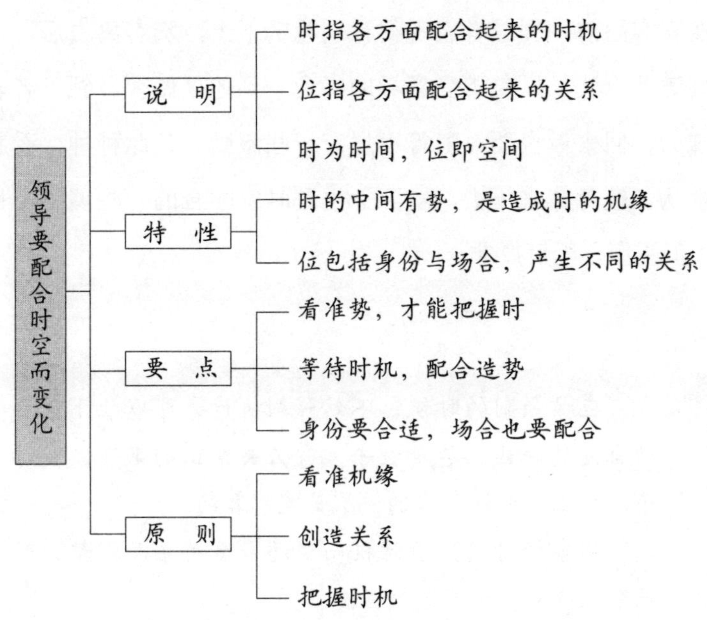

图9-4 时间和空间的配合

时的中间有势，是造成时的机缘。我们常说："时机好，而情势不利。"或者说："时机不好，情势很有利。"时机是他力，只能等待，不能创造；情势是自力，可以把握，也可以创造。领导者创造自动自发的气氛，便是领导的有利情势。时机合适，也可以下达命令。

时不能离开位，情境配合，时位要整体考虑。看准机缘，创造关系，把握时机，才是领导的最佳配合。领导是否圆通，完全看领导能不能注意到"时""位"的配合，如果配合得宜，效应必佳，否则便应该及时调整。

时间和空间这两大因素，是领导时改变形态的主要权衡条件。当事业开创发展之际，各种人才都可以破格录用。但是心腹班底，仍以小心谨慎的为宜。事业已达相当规模，不宜先行扩大，以守成为宜。这时候用人必须更加小心，以循规蹈矩的为可靠。领导者的用人态度，随着时空的变化有所不同，若能适时调整，必能合理应变。

在宾客面前，领导者表现得特别礼贤下士，宾客离去后，下属就应该特别谦恭有礼，以免遭受领导的指责。到他处做客，领导者表现得十分有魄力，回来后也要对随行下属有一些激励。凡此种种，看起来好像相当虚伪，彼此捧来压去，实际上也是时空配合的一些调整，目的在求心理上的平衡，无可厚非。

应该强制的时候，不妨强制执行；可以让下属自动自发的时候，尽量放手。有必要禁止的事项，及时予以禁止；可以宽容的，尽量宽恕容纳。

领导的时候，看时机而变动，看关系而调整，时位配合得宜，才能达到圆满。

刚柔与长短的互补

领导者不能不说话，却不可以乱开口。人、事、时、位都正确，还要有效应，这种话才可以说，说出来才有效，才不会闯祸，增加自己的麻烦。

中国人不习惯随便讲话，愈不轻易开口的人，大家愈重视他的意见，现在很少有人体会到这一个道理。言不能收效，就要暂时沉默，因为有时候不说话比说话更有沟通的效果。有言有默，要适当调节。知言不知默，是时代病。

言要适题、适时、适法。言不对题，听的人莫名其妙；不适时，容易引起误会；不适法，大家就不愿意接纳。

说话时，要注意听者和自己的差距。领导者千万不要认为自己了解下属，以免造成误解。小心一些，多听听下属的意见，才能更为了解。

领导时有言也有默，唯有知默才真正知言（如图9-5）。

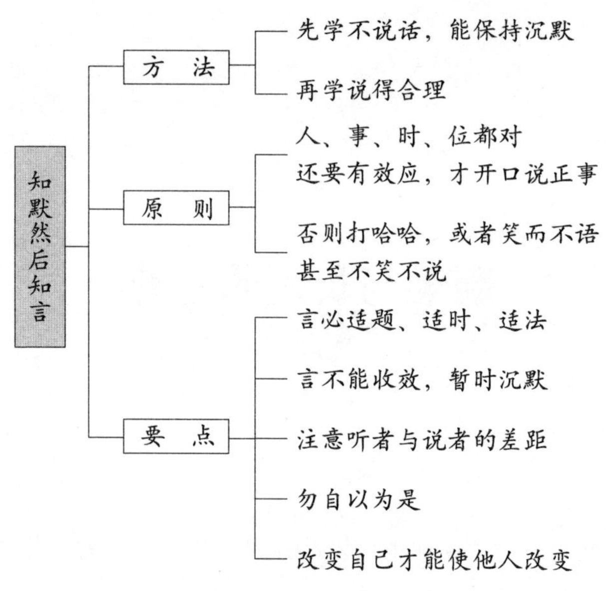

图9-5 知默然后知言

被领导者的言默之道，对领导者而言，事实上也十分重要，影响领导的成败。领导者的苦恼，一方面在被领导者有话不说，闷在心里头，既摸不清他真正的看法，又拿他没办法；另一方面则是被领导者没有话也乱说，而且说个不停，不但令人厌烦，而且浪费时间。为求减少这方面的苦恼，领导者最好先检讨一下自己的言默之道，是不是合理？能不能受到下属的欢迎？合理调整自己的言默之道，才能够改善下属的回应方式。领导者秉持“时不对，人对，不必说；时对，人对，而地不对，不能说；人不对，不必看时地，就是不说”的原则，下属逐渐有所体会和认知，自然也能够把时、地、人放在心中，有说有不说，养成合理的言默习惯。

人有刚性的，也有个性稍柔或甚柔的。下属之中，有能力很强，也有稍差或甚差的；有专才，也有通才。分工时要注意彼此的互补，以求长短配合，刚柔互济。配合得宜，两蒙其利，否则只会彼此伤害（如图9-6）。

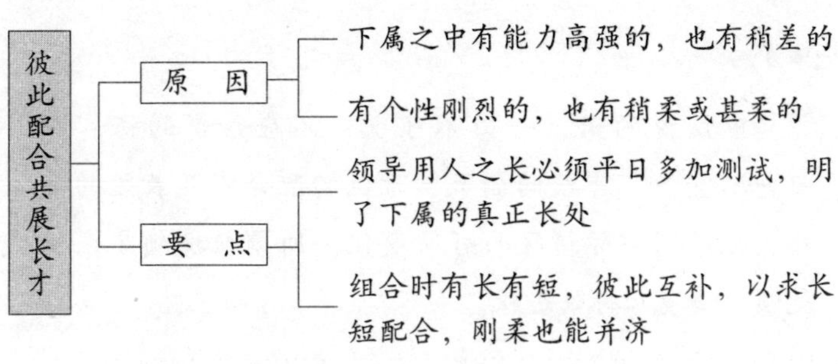

图9-6　刚柔与长短的互补

例如，指派两个人参与商业谈判，最好不要都找喜欢讲话的人，也不要都找不喜欢讲话的人，应该找一个喜欢说话而另一个很细心但不喜欢讲话的人。一个讲一个听，有意见立即提示，让那位喜欢讲的人再做整合，比较不容易漏掉要点。或者两个人一个讲客家话，一个讲闽南话，随时可以应变，使对方觉得我们很有诚意。

领导者怎么知道谁长谁短呢？这要靠平日多了解下属。平日多接触，明白长处与缺失，逐渐用事实来证明自己的判断并无错误。领导者可以用比较不要紧、比较不急迫的事情来试，比较安全。平时多测试，配合起来才会恰到好处。

领导者对于人才的运用，好像艺术家对于色彩的调配，只要得宜，都能成为佳作。被领导者应该对同人之间的互补有正确的认知，不可以认为自己高人一等而不屑与同人合作。特别是出身名校，追随名师，而且所学甚有专长的人，更需要体会和认知红花也要有绿叶陪衬的道理。保持谦虚的心情，在领导合理的安排下，与其他同人同舟共济，彼此互补，不辜负领导的一番苦心。长与短互补，长有长的好处，短也有短的好处，岂非皆大欢喜？刚柔并济，双方的好处都能够顺利展现，当然也是配合得宜。领导者和被领导者必须在这一方面培养良好的共识，被领导者信任领导者的安排，也乐于与同人合作。

应该说的话，一句不可少；不应该说的话，一句也不宜多。言默的调节，时位的配合以及长短的互补，无不因实际情况而有所变化。所谓情境领导，便是顺乎情境而持经达权。

思 考

1．你认为你的领导有没有原则？为什么？

2．领导需要配合时空而变化的原因何在？

3．怎样才能够彼此配合共展长才？

第十章　对特殊员工的领导

班底、奇才，大牌、奴才，呆人、废人，
说起来都是特殊员工，最好实施不同的领导。

班底有公的，也有私的，
私的很可怕也很可恶，公的却很有助益。

奇才有独特的能力，
如果需要他，就要特别加以照顾。

人都可能耍大牌，这是特权倾向。
组织不过是一批权贵取代另一批的工具。

奴才十分可爱，也非常可恨，
紧急时要靠他的力量，才知道毫无希望。

呆人和废人，其实都是不幸的人，
要尽量挽救他们，不可心存用过就丢掉的想法。

礼待“班底”，善用“奇才”

班底，指组织内人际关系良好、工作绩效优良，而且和领导十分配合并且获得信任的下属，是一种从工作中逐渐建立的领导集团，也就是公的领导伙伴。

领导一步一步让开，下属一步一步自动，这时候需要某些人率先领头做榜样，班底便是合适的人选。有事协调，先通过班底做非正式的沟通，大抵明朗化之后，再由领导正式出面，是一种自留余地的方式。人事调动或升迁，先由班底放出风去，测试反应如何，领导就不至于承担太大的风险。下属有事不便当面和领导商谈，班底也是很好的先期洽谈人。诸如此类，经由班底迂回沟通，相当有效。

对班底要加以礼待，却不能过分溺爱，以免只手遮天，反而引起沟通管道的不畅通。领导心里清楚，只是通过班底去运作，不可反客为主，否则就会引起大家的不安。

有机会被领导遴选为班底，必须注意以下三点：

首先，不可在言语或行动上显露锋芒，以免引起同人的不安而增加领导的麻烦。

其次，不可因受领导重视而目中无人，骄傲自负。至少心目中要有领导的存在，守住本分。对同人应该保持谦虚的态度，获得大家的支持，才能长久成为班底。

再次，不可自认为无所不知而轻率处理事情，以免造成错误而伤害团队。和领导亲近，知道更多机密，更不应该轻率从事，否则引起领导的不安，难以长久相处。

领导和班底的互动，是同人注视的焦点。相处融洽，大家比较奋发，不然的话，士气必然涣散，其要点如图10-1所示：

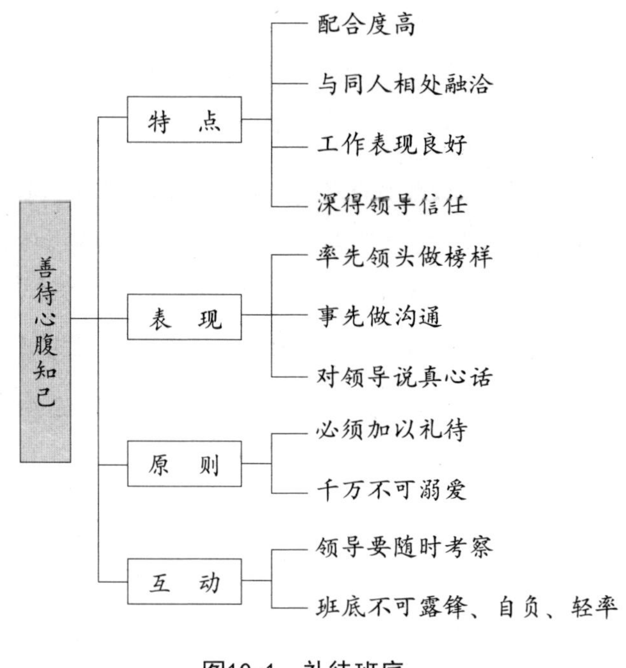

图10-1　礼待班底

年轻而精明能干、头脑清晰、效率极高的奇才，并不多见。由于表现出色，使得组织内人人自危。从奇才身上所得到的，往往无法弥补其他同人所失去的。

最好为他那非凡的能力提供表现的机会，给他一个繁重而吃力的专案，暂时减缓他的冲击力，再好好运用他的才华。但是，不可以立即把他变成班底，否则会严重伤害忠诚而稳重的“老人”，使班底起内讧。

奇才通常具有强烈的成就感，内部工作总是不能完全满足他的需要。可以让他参与一些对外事务，如果有成就，不要吝于给他具体的奖励，不论精神的或物质的，使他更乐意贡献才能。万一败下阵来，也可以帮助他收敛一些。

对于奇才，有机会就要把他举荐出去，除非你是个企业老总，否则他一直在觊觎你的位置。就算真的是企业老总也应该衡量一下，自己这个庙够不够大、能不能容纳这么大的菩萨，如果不能，恐怕还是早日把他举荐出去，以策安全。

奇才本身，最好学习诸葛亮怎样接受刘备的领导，而不是专门羡慕诸葛亮受到刘备三顾茅庐的荣幸。与关羽、张飞相处融洽，取得刘备的信任，这些都是诸葛亮这位奇才能够合理自我定位、妥善施展抱负的重要表现。赢得后世的激赏，并非完全由于他的奇才，而是基于他的智慧。可见，奇才想要受人敬重，以大才大智全心辅佐领导，使领导安、同人也安，便成为首要的课题，其要点如图10-2所示：

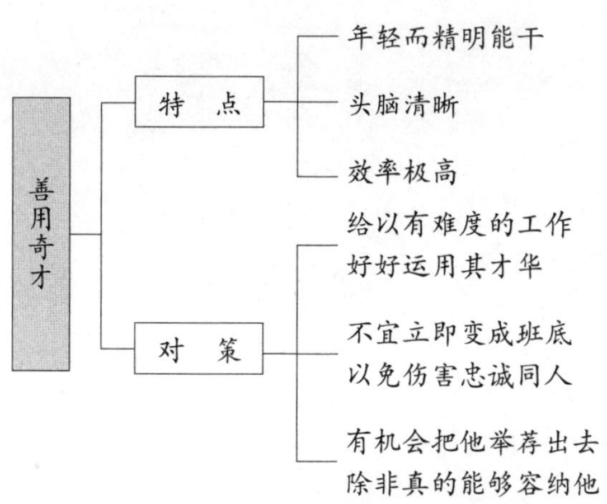

图10-2　善用奇才

不论任何人，只要善于做人做事，心目中又有领导，便可以成为班底。但是，必须自然地组成班底，不可急促建立，以免造成祸害。

对于奇才尤其要小心看待，因为他的破坏力很强，如果不存心利用他当工具，就不可以急着把他看成红人或特别倚重的人，以免把他宠坏。

防止“大牌”，挽救“奴才”

中国人向来能屈能伸，一旦能力强、年资深、背景硬、职位高、有专精、立奇功、学历高或者关系够，便可能表现特权倾向，开始耍大牌。大牌员工，去掉他，可惜；不去掉他，可恼。固然是两难，也要设法化解。否则因循苟且，大牌愈耍愈离谱，组织士气受到不良影响，到那时才来着急，恐怕为时已晚，更加不容易解决。

对待耍大牌的员工，首先要原谅他，了解其耍大牌的原因；其次要劝他，让他明了不耍大牌，大家会更加尊重他，他的前途也会更为光明；最后要安他，安定他的情绪，辅助他好好工作，在平凡中表现自己，平凡中见伟大，才更伟大。

对于大牌员工，能安就宽容，不安便禁止。最好能够及早建立共识：大家都应该好好表现，不要过分耍大牌，引起大家的不安。禁止的时候，先迂回后直接，必要时可以家庭访问，让他的家人帮助制止他。耍大牌也是一种不安，领导者把不安的根本原因找出来消除掉，遏制耍大牌现象的发生。不安的原因，直接询问很不容易找到答案，因为耍大牌的人，往往认为理应如此，并不觉得有什么不对的地方。所以，最好是旁敲侧击，用心体会，才容易找出根源。

我们已经说过，领导者对待被领导者，应该一视同仁，但由于被领导者的个别差异，实际上很不容易一视同仁。所以，在耍大牌方面，也有不一样的评价比较合理。彼此所宽容的限度并不相同，才算是合理的不公平。大家心里有数，只要合理而不过分，程度上有一些差别，大家应该可以接受。若是大家不能接受，表示领导拿捏的分寸有问题，最好加以调整，以求合理（如图10-3）。

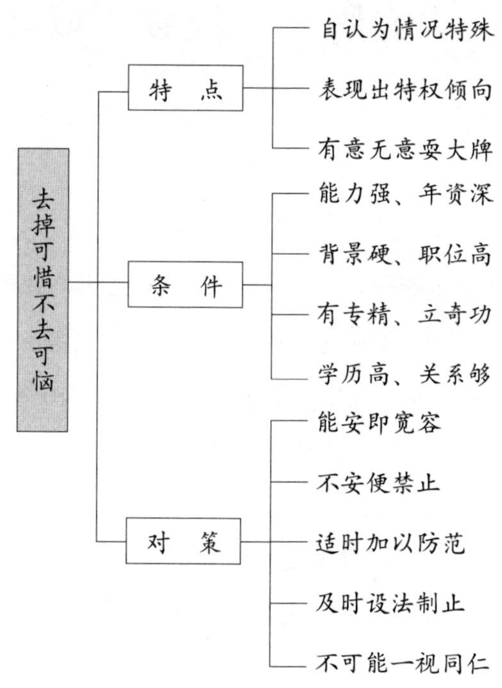

图10-3　防止大牌

不论是非，只知道唯命是从的人，久而久之自然成为听命的奴才。平日也很得领导的欢心，被视为心腹，一旦有事，才发现根本不可靠。由于日久不动脑筋，已经丧失思考力和应变力。

奴才多半是领导自己养成的，在领导的过程中，过分严肃或者显得刚愎自用，下属起先装成奴才以求适应，日久养成习惯，成为典型的奴才，而且很难回到原来的状态。

领导者如果一开始便讲求合理，接纳下属“站在不要顺的立场来顺”，便不容易制造奴才。万一不幸出现，也要及时劝导，不需要唯唯诺诺，应该自己施展创造力。

对于奴才，必须具有挽救他的心态，把他救回来，功德无量。挽救的方法，最好是尽量提问题，让他自己去找答案；或者送他去接受培训，令其充实起来。

一般来说，领导者都很讨厌下属有话直说或者有话实说。下属刚开始也许摸不清楚，钉子碰多了以后，守本分的也就噤若寒蝉，干脆什么都不说。而那些投机分子，却能抓住领导者的这种个性，不是巧言令色、献媚讨好，便是唯唯诺诺什么都好。结果弄得领导者有目不明，有耳不闻，渐渐地为这一群奴才所包围，不明真相，以致做出错误的决策，害惨了自己。

被领导者当然不应该毫无顾虑地有话直说或者有话实说，因为如此一来，根本就是心目中没有领导者的存在。这种不尊重伦理的表现，被领导者视为叛逆而不受喜欢、不受照顾，也是理所当然。所以，领导者固然不要制造奴才，而被领导者也不应该把自己造成叛逆分子，其要点如图10-4所示：

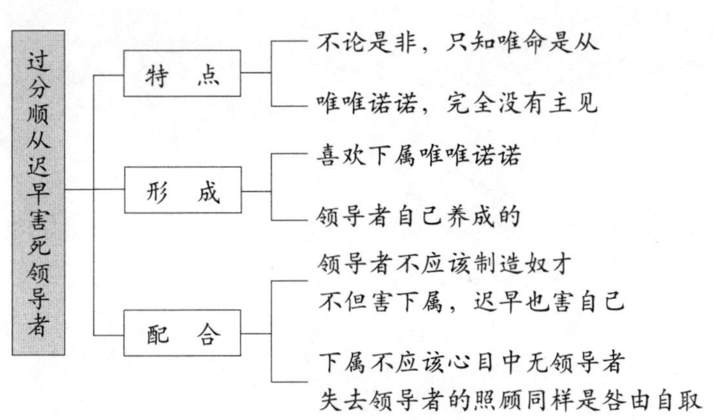

图10-4　挽救奴才

大牌、奴才都要预先加以防范，这是领导者应该时刻关注的。一旦形成，就要赶快劝导，设法改变，以免日久成为沉疴，积重难返。

减少“呆人”，开除“废人”

呆人和废人，原来既不呆也不废，否则也不会把这种人请进来。但是，就算是组织把这些人弄呆了、搞废了，基于自作自受的道理，这些人也应该自己负责。我们的对策是：减少呆人，开除废人。

呆料是人为的，呆人同样是人为的。进来时原本不呆，忽然变成呆人，这是什么人的责任？员工不长进固然有问题，领导也有问题。为什么不能保证员工与组织同步成长？为什么凭空造成人力的差距？为什么把原本不呆的人居然用呆了？

员工跟不上组织，就造成难以负荷的沉重包袱。减少呆人，必须及早注重对员工的训练。不要只顾业绩，把员工的时间和精力都压榨光了，否则脑筋空洞化，乃是必然的趋势，多输出少投入的结果，不呆也会变呆。

减少呆人，并不是发现呆人便予以淘汰，那样会制造很多困扰。提早重视训练，才是最佳途径。发觉某些人迟早会变成呆人，不妨及早提醒，实在不合适的人，可以考虑转行，因为在这一行的呆人，换一行可能并不呆。关心不同情况的员工，给予合理的辅导，必然可以减少呆人。

领导者必须充分了解，在这样的团队中工作，是不是容易变呆，或者是不是团队中的某些员工比较容易变呆。为了安人，有时候不方便明说，但应该暗地里加强辅导，以求有效防止。一般来说，过分刻板化的工作，千篇一律，很少需要动脑筋，特别容易变呆。于是，适度的轮调，或者加强动脑方面的训练，应该及早安排。利润较高、财力较旺的组织，可以考虑在这些部门多增加一些员工，然后轮流接受各种训练，以培养人才。凡人都是父母生的，由于工作的需要，把人家用呆了，领导者应该有愧于心而及早避免。否则一旦呆人成灾，还不是要自作自受，而悔之已晚，其要点如图10-5所示：

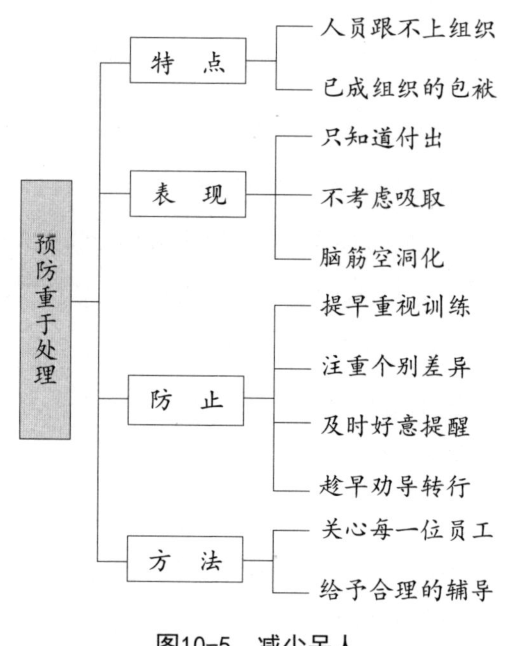

图10-5　减少呆人

中国式管理，并非不可以开除员工，只是重视人性，尽量先礼后兵；到了忍无可忍，就应该壮士断腕。开除的时候，仍然本着好聚好散的初衷，不必令人过分没有面子而产生怨恨；留下将来再见面的情分，不必决裂到以后见面就会仇人眼红的地步，对组织、对个人，都十分重要。抱着“诸葛亮挥泪斩马谡”的心情，不是“除之而后快”，而是“自己没带好，实在很歉疚”。把挽救无效的废人，用“不知如何产生”的名单，由人事评议委员会来审议，这时候还要替他说几句好话，因为这些话终究会传到当事人的耳里，至少让他好过一点儿，然后不记名投票，通过后予以开除，再以不具理由的方式，通知他办理离职。如果他坚持公开理由，最好劝他为自己留些余地，将来比较好做人。相信他会体谅大家的好意，默默离开，以“无缘无故被迫走”为借口，到别处去谋求新职。

员工离职以后，不要再到处说他的坏话。有人打听，尽力隐恶扬善，以免阻断他洗心革面、重新做人的机会。听到离职员工以“排除异己”为借口，也不必太介意，大可一笑置之，反而不会引起外界的猜疑。若是严词驳斥、费力辩解，很可能给人“此地无银三百两”的感觉，愈描愈黑。当然，真正涉及诽谤时，可以诉之以法，以昭公信。

把“血浓于水”和“壮士断腕”合在一起想，不难找出“留用”与“开除”的平衡点。站在一家人的立场，能不开除当然不要叫人走路，实在不得已，也应该做到仁尽义至，以安员工，其要点如图10-6所示：

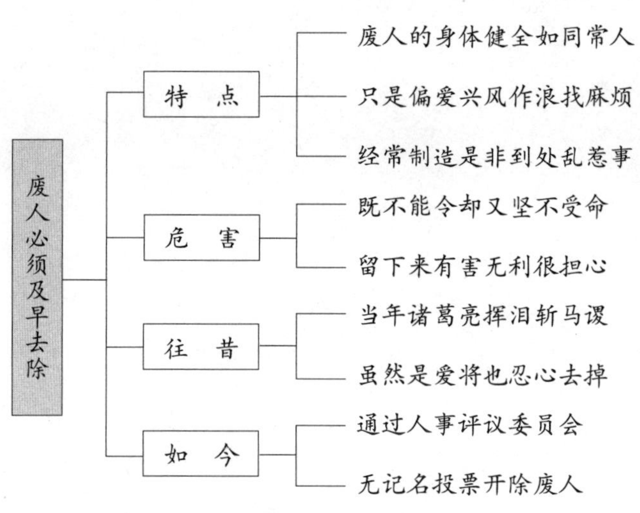

图10-6　开除废人

员工在没有进入组织之前，原本没有一些不良的习性，否则也不会被请进来。进来之后才产生这些不良的习性，领导者是不是应该自省一下？领导者居于良心和爱心，必须尽力挽救他们，不应该用过就弃之如敝屣，令人心寒，也影响士气。如果实在不能拯救，便要当机立断，否则后患无穷。

思 考

1. 你是怎样对待“班底”和利用“奇才”的?

2. 你认为应该怎样防止“大牌”，挽救“奴才”?

3. 如何区别对待“呆人”与“废人”?

第十一章　领导的艺术

中国人喜欢艺术，
却不欣赏权术，甚至到了厌恶的地步。

艺术与权术的分野，在心正与不正。
心正，是艺术；心不正，便是权术。

领导者诚心诚意地运用各种技巧，
我们会认为他相当艺术。

领导者心不正意不诚，
我们就认为他玩弄权术，不怀好心。

领导者没有单纯的对或不对，
要看技巧运用得艺术不艺术。

虽然说动机看不见，不容易辨识，
但是中国人的眼睛很厉害，不久便知。

不用权而造势

中国人一提及“权”，多半会在其后加上一个“限”字。“权限”的意思，是任何人所拥有的权，实际上都相当有限，所以最好不要用权，否则有限的权，一下子便用光了。对方尊重我们的权，这时权才有力量；对方若不尊重，我们就算有权，又能奈何？下属大不了辞职不干，领导又有什么办法？就算是国家的刑法，遇到民众不畏死的时候，亦属徒然。

管理学家曾指出，权力有五个主要来源：一是法定的职权；二是控制给予多少报酬的权；三是居于对方恐惧感而来的控制权；四是追随者确认领导者的参考权；五是个人喜好，包括自己的专业、努力、兴趣，以及职位对事务的影响。

无论是法定的，或是个人声望所带来的影响力，使用起来都容易引起对方的抗拒。换句话说，不使用权力，就不会产生无力感；一动用权力，就很容易产生无力感。权是用来使对方自动尊重的，不是自己主动来使用的。

领导者最好自认有责无权，只是善负责任，并无什么权力，反而容易引起别人的尊重。时时表示自己拥有权力，不但招来很多请托和诉求，难以满足时纷纷表示不满，而且令人妒忌，成为破坏、中伤的目标，也很不利。明明可以解决的，但要说问问上级的意见。即便具有代表上级的身份，也要客气地说明回去再向上级报告。这种话传到上级耳中，必定更加信任。同时也减少对方的高度期待，降低大家的妒忌，对自己甚有助益。

权限的大小，全凭自己如何妥为运用。用得好增大，用得不好也会缩小，可大可小，取决于我们的上级。其要点如图11-1所示：

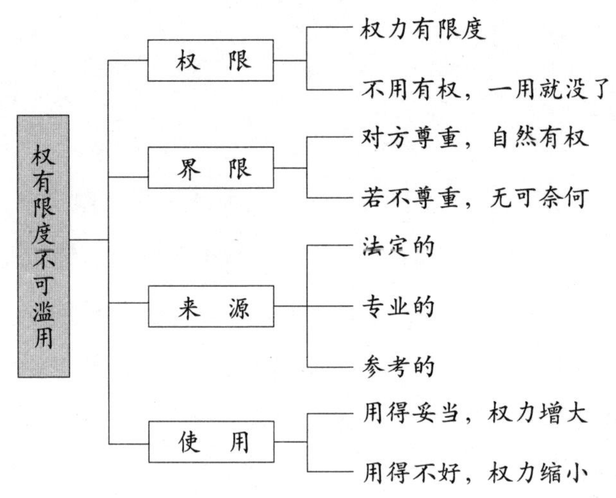

图11-1　去掉权的念头

中国人主张：形势比人强。领导者不用权，却应该努力创造有利的形势，使被领导者，自动自发，在不知不觉中尊重领导者的权力。

例如，中国人大多明白“先说先死”的道理，因此推来推去，躲躲闪闪，都不愿意先说。然而，最后还是有人先说，这个人是谁？答案十分简单，居于劣势的，不得不先说；居于优势的，当然就有办法不先说。

优势的人不先说，劣势的人只好说；优势的人不做，劣势的人不得不做；优势的人希望自动，劣势的人就会自动；优势的人不用指示你要尽力，劣势的人必然尽力。

这是什么道理？形势所逼。领导者只要造成自动自发的形势，追随者心里明白，自动才吉，不自动必凶。凡是自行选择的，便是自愿，亦即自动自发。其要点如图11-2所示：

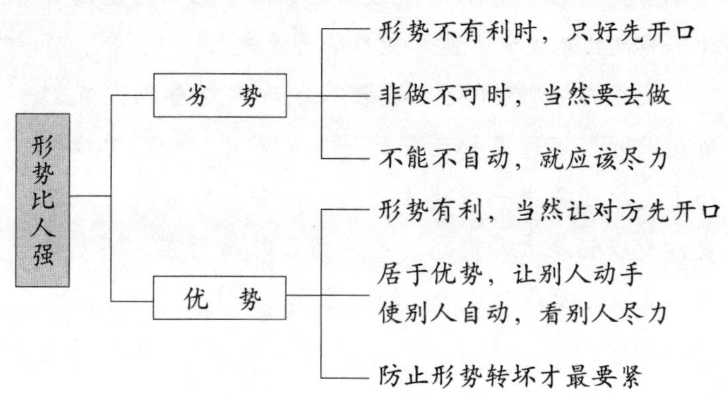

图11-2　把握势的转移

如何保持优势，固然是领导者十分重视的事情。但是形势是动态的，时时可能变动。万一领导者身陷劣势，又该如何处置？这时找一位中介者，应该是可行的途径。领导常常请托甲去劝导乙，便是发现形势不利，不方便直接向乙说明却不能不让乙知道，这才以甲为中介来扭转形势。中介人士，必须慎选合适的，以免中介不成，反而生出枝节，添增麻烦。一般的原则，以乙所信赖的人为优先，因为乙比较容易接受他的劝解。然而这位中介者的品德修养，也要多加考虑，至少不致趁机添油加醋，或者离间破坏。平日多考验，需要时才能寻找到合适的中介，这再一次证明知人之明的重要性。

领导者喜欢用权，追随者一心等待授权，结果都很不愉快。领导者不用权，却能够因势利导，追随者既不越权又不失责，这才能够皆大欢喜。

人很难改变别人，也很不容易改变自己。我们所能做的，不过是知己知彼。知彼不易，知己更难。知了之后还要进一步建立有利的形势。形势随时在改变，所以领导者的形态，也应该因时而制宜，不可执一不变，这便是孔子所说的：无可无不可。

机动调整气氛

最佳的领导形态，根本不存在。有人说“专制最好”，既对，也错；有人说“民主最好”，既对，也不对。应该专制的时候，就专制；应该民主的时候，便民主。这种适时调整的做法，事实上比较合理。

调整的因素很多，好比领导者自己的性格，每一个人都不相同，而且也很难改变。譬如追随者的素质，有的适合讲理，有的必须动之以情。还有所任工作的性质，紧急事情火气稍微大一些，大家都能够忍受，大小事一律发火，大家就不服气。加之当时当地的特殊背景，入境必须问俗，而且要顺应当地的风土人情。另外上级领导者的要求也很重要：有些人明知施压无效，却一直盲目施压，主要是做给他的上级领导者看的。只要就有关因素，加以分析、比较，然后综合起来，就可以找出当前合适的领导形态。但是，时空一改变，就应该跟着再调整。

领导者如果是副职，首先要体会正职的作风。不能够和正职相处融洽，很容易发生摩擦而被冰冻起来。因为一旦引起正职的怀疑，所有“能者多劳”，都将变成“大权独揽”而遭冷落。特别是副职的学识、经验胜过正职的时候，更应该秉持“大智若愚，大巧若拙，大辩若讷”的态度，以免令正职不安，导致自己也不能安。有任何意见，最好少用决定性的语气，多以商讨性或陈述性的口气，由正职做决定。一切对外发表或当众宣布的文件，都应该以正职的名义。处处抬高正职的地位，时时尊重正职的职权，替他处理一些比较不重要的事，较为妥当（如图11-3）。

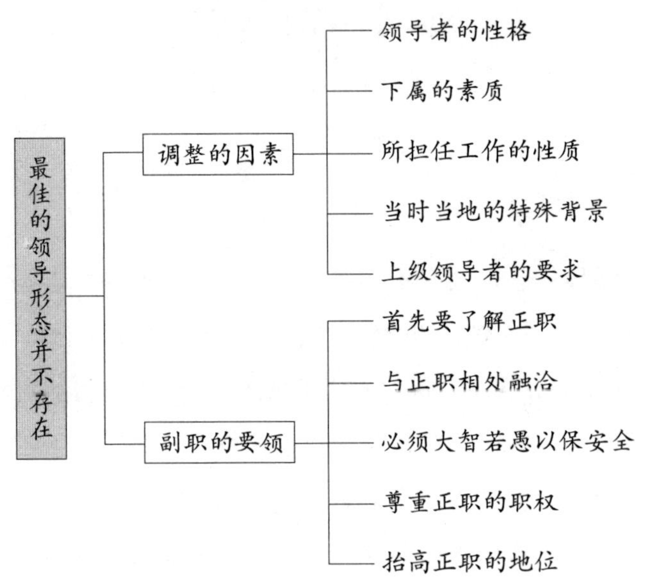

图11-3　适时调整领导形态

领导者是人，难免有喜、怒、哀、乐之情。例如发火，便是很难避免的一件事。理论上，领导者应该心平气和，保持理性来沟通；实际上，领导者往往忍无可忍，就会大发脾气。理论上又说应该有修养，改掉坏脾气；实际上则是下一次再改，这一次先发再说。发火并不可怕，发火之后不知如何收拾残局才最恐怖。会发火的领导者，必须同时学会救火、熄火和灭火，将来才有再一次发火的可能。否则一次发火，便烧得精光，下一次就没得发了。不怕发火，只怕一发不可收拾，造成两败俱伤的局面，严重的还会同归于尽，必须格外小心。

熄火、灭火就是变换气氛，使原本十分紧张的火爆场面，变得比较不易灼伤。大家冷静下来，一切求合理，自然出现圆通的结局。领导者要主动地变换气氛，不要弄得十分僵化，把自己逼进死胡同里，动弹不得（如图11-4）。

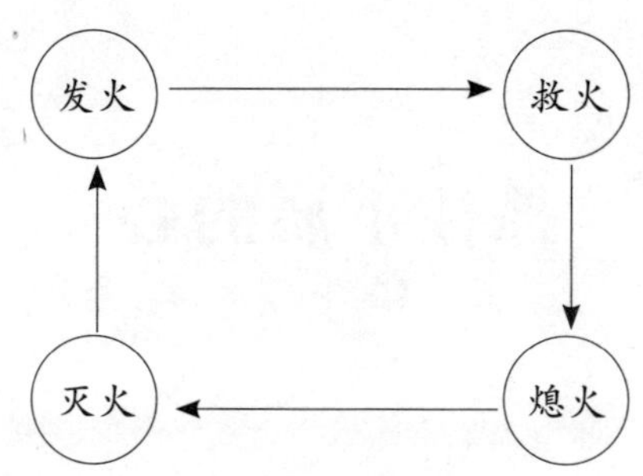

图11-4　灵活变换气氛

领导者当然可以采取硬派作风，硬就硬到底，怕什么？但是必须有死而后已的决心。因为下属往往对探底很有兴趣，试试看领导到底能够硬到什么地步？又硬到何时？人生不过百年，领导者又何必以硬汉自居呢？

硬汉令人钦佩，却不值得学习。硬拼之外，不一定就是逃避或顺从，我们还可以适当地控制，何乐而不为？

人在忍不住的时候，当然要发火。但是发火毕竟伤害感情，再怎么有理，也说不过去。赶快趁火气降低的时候，主动找对方聊聊天，关心他，也鼓励他，让他知道自己发火的动机是出于好意，可以说为他好才动怒，化解一番，说不定更加增进彼此的了解，使彼此的合作更加顺畅。

最佳的领导形态根本不存在，需要根据相关的因素，加以分析、比较，然后综合起来，就可以找出当前合适的领导形态。

领导者也是人，难免有喜、怒、哀、乐之情，在任何情况下，不管遇到什么事情都要学会调整心态，机动变换气氛，不能把自己逼进死胡同。

抓住下属的心

中国人每次听到授权，都觉得很有道理，实际上施行起来，大多无疾而终。因为权是有限的，本来就只有那么一点点，再分授给别人，自己岂不是更加无权？何况授权往往变成可怕的分权。一旦由自己身上分出去，就因无法掌握而放不下心。加之被授权的人，很容易由无意越权演变成为有意滥用职权，令人更加不能放心。

我们的基本态度是：领导者有权，下属有责。下属既不可越权，更不可失责。越权便是心目中没有领导者的存在，领导者不但害怕，而且有说不出来的厌恶；失责是没有把分内的工作做好，当然不受欢迎。

如果大家都能够体会和认知：我哪里有权？只有责任。因此不使用权力，却谨慎地尽责任，很多问题会简单得多，也好办得多，更实际得多。

把争权或等待授权的心态，改变为尽责的心态。不说分层授权，却肯定分层负责，这才是中国人立于不败之地的最佳保证。人人尽责，哪里还会失败呢？

说起来很可笑，我们居然无视权责合一的原理，不尽力宣扬“要他负责任，就应该授以相当的权限”，让下属好做事情。反而认为，领导者有权无责，下属有责无权的念头才属正确。因为我们知道，领导者必须负起全部责任，所以不必把部分责任也一并扛起来，说领导者无责，到头来还不是要负起连带责任？而下属无权，只要以负责任的心把工作做好，基本上领导者不可能反对，也就等于授权。我们不主张形式上的授权，却希望通过上下的交心，通力合作，达成实质上的授权。

上有权而下有责，如图11-5所示：

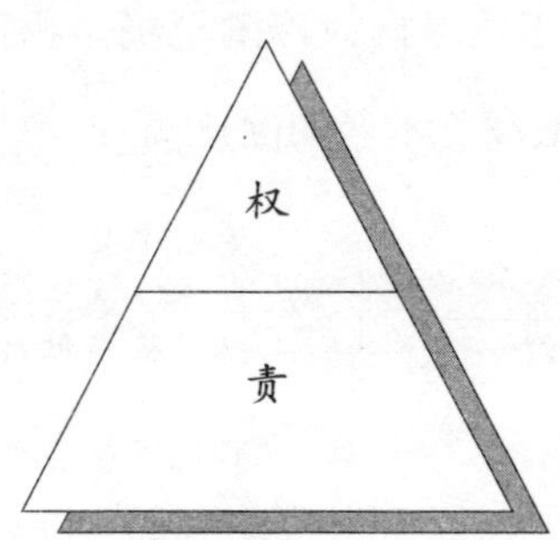

图11-5　上有权而下有责，最好分层负责

西方人比较容易接受工作导向的领导，中国人则显然喜爱关怀导向。先关心他，总比见面就谈工作更受人欢迎。关怀他，他多半会自动谈工作，此举相当灵验，请多多尝试，必有良好效果。

在台工作的美籍经理认为，在台湾地区要做到称职的领导，四个“F”非常重要：

FATHER 表示领导以尊重的心来爱护下属，下属才会尊敬他、信赖他，因为父母爱子女的心当然纯正。

FATE 表示用敬神的仪式来提醒同人不可不忠不义。互敬互爱，像神人一般的和谐。大多数人都有敬神的经验，此点很容易体会。

FAVOR 表示体贴照顾之外，尚须礼待下属，用看得起他的心态来领导他。以礼相待，必然受到下属的欢迎。

FACE 表示处处给他面子，他才会自动要脸，表现出讲道理的样子。有面子，下属比较讲道理，也就会处处求合理。

今日社会，个人主义流行，人与人之间缺乏感情的交流，各自孤立。宗教信仰挽救不了，追求物质更助长了这个问题的严重性。最有效的解药，便是珍惜人情、重视伦理。特别是职场生活，占据人们生活的三分之一以上，更应该采取关怀导向，以增进彼此的情谊。

人生最要紧的是生活，而生活最可贵的便是人情。人而无情，何以为人？可惜有许多领导者，认为上班时间工作第一，而且人情又是工作的重大障碍，因而主张工作导向，冷酷至极。我认为，关怀导向，攻下下属的心，才是领导的最高艺术（如图11-6）。

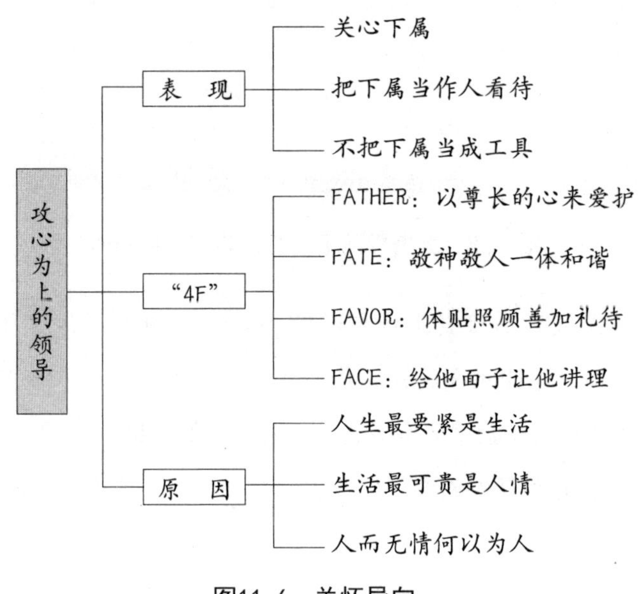

图11-6　关怀导向

以关怀为导向的领导，主要原则是领导者不要一见面就马上谈工作，先给予适当的关怀，往往更有效果。领导者必须有效地打动被领导者的心，才能让被领导者乐于自动自发地工作。

思考

1. 权是有限度的，怎样才能防止滥用？

2. 不慎发火之后，你该怎么办？

3. 你认为，越权和失责哪一种情况更为严重？

第十二章　领导人才的培养

领导力并不是天生的，
必须自己不断修炼，这叫作修己。

领导的效果因人而异，
凡能安的都有良好的成效，便是安人。

领导从修己做起，目的在求安人，
整个领导过程，说起来不外乎修己安人。

领导人才的培育有两种方式，
一是顺成，一为逆诱，要互补运用。

逆取顺守，顺取顺守，是成功的领导；
逆取逆守，顺取逆守，都是失败的根源。

无论顺取或逆取，都要顺守。
顺守的领导者，才能确保长久。

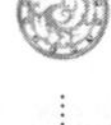

领导力并非与生俱来

不同性格的人，都可能成为优秀的领导者。因为领导力并不是天生的，乃是后天的修己和磨炼逐渐形成的。学识固然重要，经验也不可忽略。只学到一套理论，实际上用不出来；仅有一大堆经验，没有理论架构，也会自相矛盾，很难一以贯之。

最有效的领导者，是具有自然感应力的感人者，很容易和他人相处，而且会产生良好的感应。

感人者的表现，在于减少对团队的压力，保持沉默以让下属说出真心话，或在混乱时保持冷静，有时甚至要徘徊不定而延误决策。主要的象征，是下属的心被打动，产生向心和信心。这种攻心为上的领导，便是关怀导向，其效果优于以工作为导向的领导。换句话说，兼顾做人和做事，而且从做好人出发以求做好事，效力最强。其要点如图12-1所示：

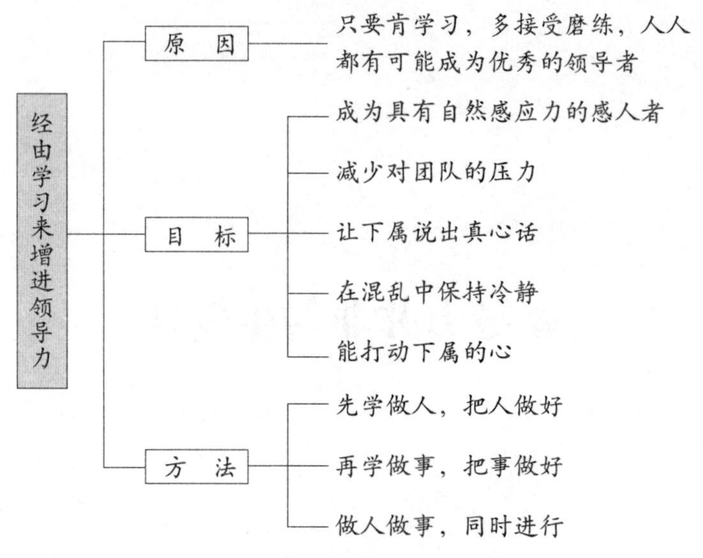

图12-1　领导力并非天生

前面说过，大家喜欢艺术而厌恶权术。但是古往今来，领导者之中，愈是才气深厚的，愈难摆脱对权术的运用。因为这些领导者太过自信，以致忘了“世间并无愚人”，经常把别人看成傻瓜，任意玩弄权术，最后害惨了自己。其实，人的智愚彼此相差无几。有些人很快就看穿，有些人刚开始被蒙在鼓里，没有多久，也看穿了。骗人一时，或许还有可能；想长久欺骗，根本不可能。

领导者最好以公诚为原则，以合理作标准，先把人做好。不要重做事而轻做人，记住“不苦撑，不咬牙，终无安枕之日”的教训，务求艰苦卓绝，不计较毁誉荣辱，但求良心得安。劳苦忍辱，始终是领导者的座右铭，希望成为优秀的感人者，非具有这样的修养不可。

领导者的自然感应力，从修己而来。领导者的修己，包括丰富的学识、适度的自信、良好的人缘这三项因素，它们相互配合起来，成为做人做事的基础。人际关系良好、学识丰富而且具有合理的自信，才能够把人做好，也把事做好。最要紧的，是通过好好做人，来好好做事，人做不好，要想把事情做好，恐怕不容易。

领导者的能力，表现在判断力、表达力、创造力和协调力等方面，这四种能力综合起来构成领导力。判断要正确，表达要顺畅，创造要灵巧，协调要和谐，领导起来自然更为顺乎人心而又恰到好处。

领导者一方面具有相当的幽默感，另一方面又具有庄重的威严感，使下属在亲切之中产生自然的尊敬，这叫作恩威并济。能够做到恩重于威而又不影响目标的达成，应该是最为圆通的领导。

领导者最好具有自知之明，才能经常反省，时时修正，以求日新又新（如图12-2）。也才能够天天有进步，保证永不落伍。

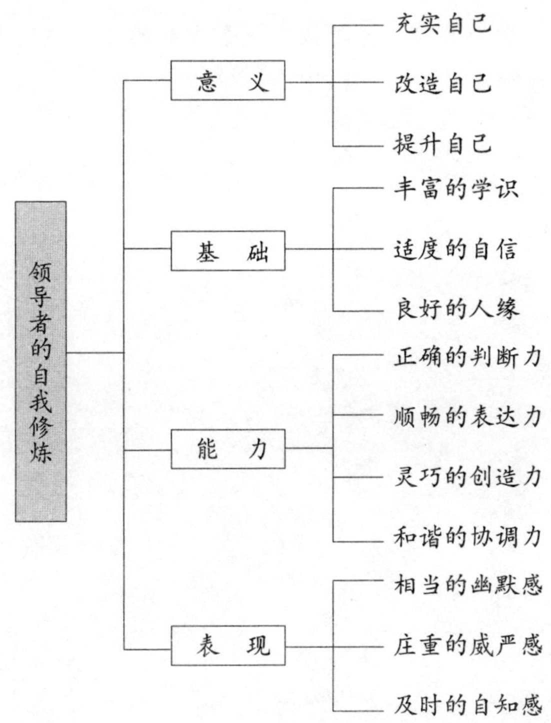

图12-2　修己很重要

自知之明，对领导者而言，可以说愈高位愈退化。当初一路顺利走上来的原因，最重要的莫过于常常提醒自己：要有自知之明，不要狂妄自大。如今位高权重，竟然自以为万全万能，愈来愈缺乏自知之明了。

领导者大多有过人的地方，但是务必提醒自己：不见得比所有的人都强，更不见得能够做好所有的事情。唯有抱着这种心态，才能够及时合理地发挥自知之明，尊重下属，尽量把空间礼让出来，让他们去发挥。另外，身为领导者不要把所有的成就感都集中在自己身上，要分一些给别人。

每一个人，都不要自认为是天生的领导人才，这样符合事实也比较容易虚心向学。经由学习来增进领导力，先学做人，再学做事；最重要的是，通过做人来好好做事。

一切靠自我培育

修己只是修正自己。把自己修正得很好，不过是独善其身，发挥不出什么领导的效果。如果能够进一步发挥感应力，做到安人，便可以产生良好的自发性领导，也就是安人的具体表现。企业全面照顾员工，员工得以身安心乐，没有不自动自发把工作做好的，于是达成自发领导的功能。人不能安，当然缺乏自动自发的意愿，领导者也就不可能产生自发领导的功能。

人的理想很多，追究起来，以"安"为根本。若是不得其安，什么利润、责任、荣誉，都将失去凭借，变得没有价值。领导者以"安"为目的，处处顾及下属的"安"，下属就会用合理的利润和绩效来回应。过分强调利润和绩效，徒然增加员工的压力，制造不安，反而对领导者不利。

从这个角度来看，领导是修己安人的过程（如图12-3）。

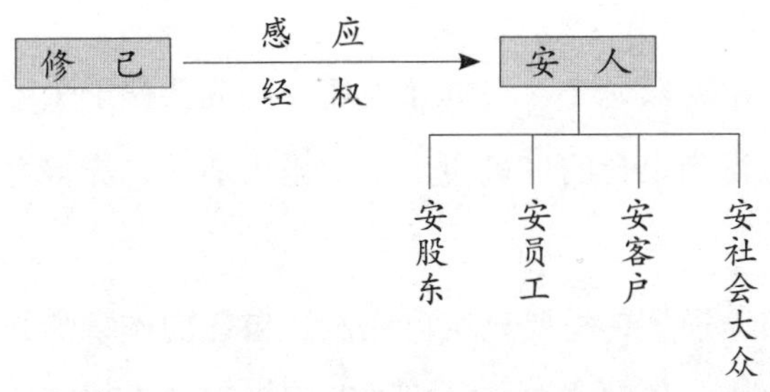

图12-3　领导是修己安人的过程

以感应为力量，拿经权（持经达权）做原则，便可以用不变的“修己安人”来因应一切的变数，达到圆通的境界。安人主要包括安股东、安员工、安客户以及安社会大众。领导者每做一件事，如果能想一想：这么做，股东能安吗？员工能安吗？客户能安吗？社会大众能安吗？如果这四个方面都有安的可能，当然可以做。如果有哪一个领域可能产生不安，最好能够设法调整。这个时候有所变有所不变的持经达权方法就用上了，可以帮助领导者做好合理的改变，并且变到好像没有变一样，以求其安。

既然领导力不是天生的，企业就应该注重领导人才的培育。事实上，员工也有意无意地以各种方式来掌握成为领导人才的机会。所谓自我培育，就是一方面充实、提升自己的能力，一方面寻找机会，并且设法把自己捧上去。其方式主要有顺取和逆取两种。

有的人得到上级的赏识，上级主动提拔他，而他获得升职的机会，也谨慎小心，不敢大意，这种顺取顺守的自我培育方式，颇称顺利。顺取，指顺着组织的规章，获得上级的助力，顺着有利的情势往上走。顺守，则是被提拔上去之后，能够把分内工作做好，还能够令上级满意。取守皆顺，当然是好事。

有的人得不到上级主动的提拔，便想尽办法，用各种手段来引起上级的注意，上级不得不设法收服他，因而给他一些机会。这种逆取的人，如果明白得来不易，马上改变态度，小心翼翼，走上顺守的途径，便是浪子回头金不换。

最可怕的是，逆取逆守，根本守不住，终究要归于失败。最可怜的是，顺取逆守，得到上台的好机会，不知爱惜羽毛，弄得身败名裂，自取其辱。

自我培育的途径，首先要充实自己，让自己的本事高强，而且能够表现得令上级放心，使同事安心。自然获得上级的赏识而给予提拔，以顺取为上策。实在没有机会，要暂时忍耐，假想这是上级有意考验自己的耐性，将来会赋予更重要的职位。愈看情况愈不对，非逆取不可，也应该做到上级能够接受的地步，不要闹得不可收拾，徒然自毁前途。重要的是，无论顺取或逆取，一定要顺守（如图12-4）。

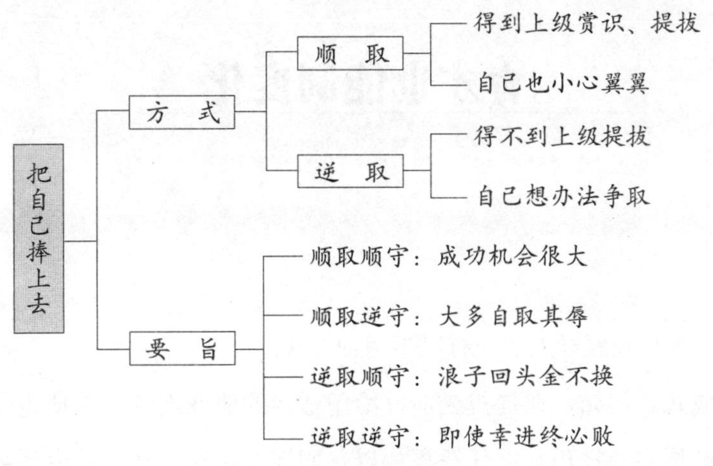

图12-4 一切靠自我培育

每个人都不能够从别人那里学习一套领导的艺术，因为每一个人的性格和所处的环境不相同，就算学得惟妙惟肖也没有用。学习要用心，学后要深思，从而体会其中的道理，然后用自己的方式来表现，变成自己的一套。

育才也能制度化

领导者培养领导人才，有以下两种方式：

顺成式。例如，在提拔之前，给予适当的职业训练，让他先了解一些领导的原则和技巧，派任后再加以在职训练，让他从实际中体会和认知领导的艺术。通过不定期轮调，以达到多方面磨炼的效果。领导人才的育成，德行、专业、管理、常识以及体魄五方面都要并重。顺着委任和轮调，引导其走上圆通领导的道路。

顺成式的施行，是公开的，能够明说且大家都知道。有计划地培育领导人才，原本是应该做的事情。一方面为了组织的成长，一方面也基于新陈代谢的需要。

逆诱式。在顺成式培育之外，随机进行一些特殊的训练。例如，让他在困境中担当职务，故意劳其筋骨、饿其体肤，看看他是不是支撑得住、能够支持多久。也可以逐渐加重他的责任，增加其苦练的机会。逆诱式的训练，目的在于提高其抗御逆境伤害的能力，用以增强贫贱不能移的抗拒力。运用逆诱式的育才方式，最好不要明说才有实效。

逆诱式的施行，实际上比较困难。大多依不同情境设计，事前事后都不说明，目的在于以苦难来磨炼人才。经得起考验的，才委以重责；

经不起考验的，下次再以其他形式，看看其有没有长进。特别是要针对锋芒毕露、自大自负、轻率鲁莽这三大弊病，务须一磨再磨，才能使其成为良好的领导人才。

以上两种方式互相配合，有明有暗，以期培育出真正的好领导（如图12-5）。

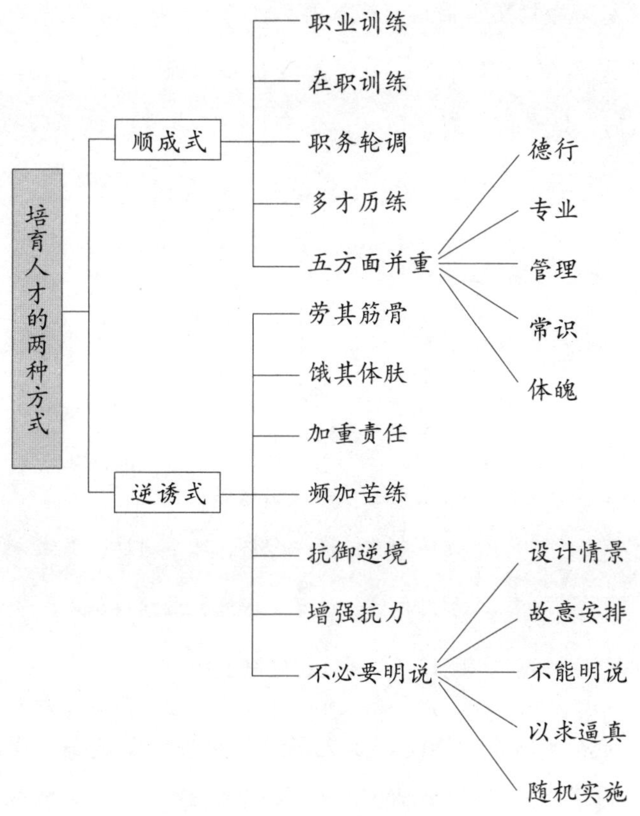

图12-5　培育人才的两种方式

育才的制度，可以视实际情况自行制定。我们可以参考日本的岩尾汽车修理公司所制定的“七年育成人才”制度：

第一年打杂，同时学习技能，培养工作兴趣。

第二年在无线电巡回服务车工作，在实际接触客户、了解客户中，培养应对能力及应有礼节。

第三、四年重回工厂修理汽车，精研技术，并真正踏入技师行列，成为正式的修理技师。

第五年担任柜台服务员，进一步提升为诊断师，解决客户的各种疑难问题，并针对客户的需要指示技师修理。

第六年调升为推销员，直接与顾客打交道。

第七年分类为管理、推销、技术人员。

七年培育期满，由全体员工投票选出各分店负责人，成为领导人才。选不上的，则继续培育，下一次仍有机会。其要点如图12-6所示：

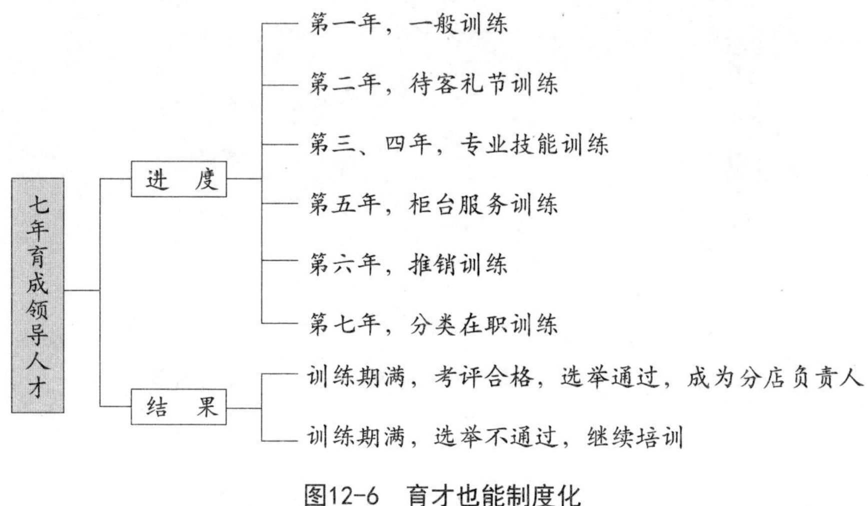

图12-6　育才也能制度化

现在领导人才培育的情况，是大多过分重视专业训练，而忽视对沟通、协调、领导、激励等能力的培育。很多领导者，在人情世故方面做得并不是很好，所以更谈不上圆通。

如今，由上到下普遍缺乏做人方面的修养，是领导人才十分欠缺的主要原因。居上位的人，直来直往，而且不知道下属的心理和需求，也不能用苦难来磨炼下属，经常和下属格格不入，甚至彼此赌气，不能活用班底，也不能为下属留下一条生路。凡此种种，都显示出领导人才缺乏完整而有效培育的现状。往往尚未准备好，就走马上任，成为领导者，不是措手不及，便是走一步算一步，对组织的发展，增加了很大的风险性。身为组织负责人，最好设法对此情况加以改善。

领导者最大的责任，其实是培育继任者，使事业得以生生不息，不致因为领导者的更替而导致组织的衰亡。将育才制度化，使继任者承接得宜，才能保证组织的长效发展。

思考

1. 你是怎样经由学习来增进领导力的？

2. 你如何自我培育？

3. 根据实践经验，你认为如何做到育才制度化？

结束语

根据统计，美国企业的平均寿命只有七年。进一步研究其主要原因，在于老板忽略领导者的领导能力，亦即误以为强有力的领导者才是真正有领导力的人。凡事最高领导一把抓，其他人的命运，便是自然衰退，连带着企业的寿命也跟着缩短。

我们很容易觉察，领导者如果一定要比下属强，他就会把那些富有进取心、能力高强而又负责尽职的下属，视为心腹大患，势必除之而后心安。于是，由上而下逐级脆弱，企业的整体能力可想而知。一旦遭遇困难，立即惨被淘汰，关门大吉。

中国人不要领导者自己当孙悟空，却设法让下属去当孙悟空，便是针对此一缺失而呈现的完全不同的领导气氛。领导者深藏不露，放手让下属充分去发挥，才能群策群力，产生总动员的效果。

从另一个角度来看，能力高强而又锋芒毕露的下属，通常很不容易获得升迁的机会，我们一再提醒“先做好下属，才可能当好领导”，便是希望这些有能力的下属，必须好好与自己的领导相处，才有机会晋升。

领导者极力当好领导，尽量支持下属；下属极力做好下属，尽量体谅领导。这样良好的有感有应，才能够真正达到圆通领导的境界。圆通是领导与下属双方面配合的成果，不是领导或下属单方面的成绩。

圆通领导，加上圆满沟通，如果再实施合理的激励，企业领导得人，上下管道畅通，个个士气高昂，这才是中国式管理，也是大家愉快把工作做好的稳固基础。

领导的目的在用人，古语说："得人者兴，失人者亡。"领导得宜，便是得人，有人才而且乐于效力，当然兴旺；领导不得宜，便是失人，人才闻风而逃，不敢投入，误闯的人，又急急离开，岂有不亡之理？领导固然要有制度，但是仅凭制度是不够的，同时还要有知人之明，能够拔擢精英，善于知遇人才。领导者缺乏知人之明，大多不能成功。用人不应该过度拘泥于制度，斤斤计较学历与经验。我国古代君王，只要赏识某人，便可以破格任用或升迁，现代领导者，恐怕无此气魄，反而批评古代君王人治重于法治，实在是自欺欺人。

成功的领导者，并不在于自身有没有特殊的天赋、超人的智慧、信众的多寡，而在于是否有容人的度量和用人的能力。特别是当今西风东渐，英雄主义盛行，使得很多领导者误以为项羽复活必然可以胜过刘邦，结果弄得自己紧张忙碌而又辛苦劳碌，却还要到处传播经验，把其他领导者也带向危险的歧途，使自己的寿命大幅度缩短。

"亲君子，远小人"，还要进一步让君子能够发挥所长，使领导者能够轻松愉快地总动员，才不致枉费担任领导者。